AF411228

HENRI LACHIZE

UNE AMAZONE

SOUS LE

PREMIER EMPIRE

VIE D'IDA S^T-ELME

EAUX-FORTES

PAR

CH. THÉVENIN

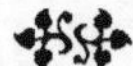

CH. CARRINGTON

13, FAUBOURG MONTMARTRE, 13

PARIS

1902

UNE AMAZONE

SOUS LE PREMIER EMPIRE

TIRAGE

75 exemplaires (n°s 1 à 75) sur Japon, avec suites noire
et bistre et états des 36 planches.

100 exemplaires (n°s 76 à 175) sur vergé d'Arches,
avec triple suite et états des 36 planches.

500 exemplaires (n°s 176 à 675) sur vergé d'Arches.

MACON, PROTAT FRÈRES, IMPRIMEURS.

"Une Amazone"

HENRY LACHIZE

UNE AMAZONE

SOUS LE PREMIER EMPIRE

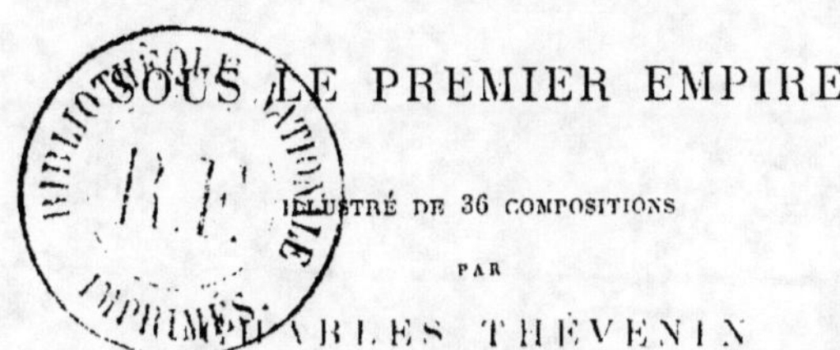

ILLUSTRÉ DE 36 COMPOSITIONS

PAR

CHARLES THÉVENIN

PRÉFACE DE

JULES DE MARTHOLD

PARIS

CHARLES CARRINGTON, EDITEUR

13, FAUBOURG MONTMARTRE, 13

1900

PRÉFACE

La femme, en particulier, est ce que la fait
celui qu'elle aime ; les femmes, en général, sont
ce que les fait leur temps. Elles vont, quel que
soit le hasard de l'événement, n'importe où
comme au bal, avec la même passion, folles de
sagesse ou de folie, et, quoi qu'il advienne, toujours suivant la mode, sous Louis XIV, où Dieu
est bien en cour, allant au couvent, sous
Louis XV, où florit la dépravation, allant à la
galanterie, sous la Révolution, où tout s'éga-
lise librement au nom de la fraternité, allant à
l'échafaud.

Napoléon, que la marquise de Coigny admi-
rait comme elle avait admiré Voltaire, et que
Chateaubriand devait successivement comparer
à Cyrus et à Néron, Napoléon ayant mis l'héroïsme à l'ordre du jour, rien de surprenant à

ce que nombre de femmes, enthousiasmées,
aient accompagné les armées, quelques-unes trou-
vant une manière de célébrité dans l'ombre même
de sa gloire.

Parmi ces dernières, Ida Saint-Elme est surtout intéressante pour l'esprit que sut avoir son
cœur.

Ce ne fut pas une grande et honneste dame,
non. Soit. Ce fut mieux, peut-être, ce fut une
femme, femme d'âme ultra-délicate, de conscience élevée, aux vues larges et justes, point
morale mais point hypocrite, vertu rare, et qui,
mêlée aux plus formidables événements et parmi
tant d'hommes violents ou infâmes, loyale
femme galante, ne trafiqua jamais ni de l'honneur
ni de la vie de personne.

Ida est une indépendante. Si l'influence de
Jean-Jacques l'atteignit, comme elle atteignit tous
ceux d'alors, comme elle a depuis atteint
George Sand, cette autre amazone au grand cœur
qui, venue plus tôt, sans doute eût suivi le
grand marcheur, elle n'apprit pas les sentiments dans les livres. Elle ne fait pas d'esprit,
elle en a. Beaucoup, et du meilleur, du plus fin
et du plus fier.

Aussi librement témoin d'elle-même que des
autres, attestant, sans souci de l'étroitesse timo-
rée des sots, les faits les plus intimement vécus
avec cette tranquillité supérieure qui est marque
d'aristocratie native, de ces *Mémoires*, où Portraits et Caractères, traités de clairvoyante observation et de positive analyse, de pensée maîtresse
évoquant parfois la souveraine magie de Saint-
Simon, de ces très vivaces Mémoires, si touffus,
se dégage, miracle de la sincérité, la très noble
émotion des angoisses d'un cœur passionné
devant la sombre tragédie de Ney, dont l'âme
tumultueuse et l'image dominent les deux cents
chapitres de ces huit volumes.

De haute franchise, en traits épars, inconscients,
naturels, elle se peint elle-même.

« Je m'élevais parfaitement toute seule, dit-
elle. A treize ans, presque une femme de taille
et de figure, mais une enfant pour la raison. Un
an plus tard, j'étais mariée. Il a toujours fallu
pour me séduire un mérite distingué. Loin de
ma mère, mon mari ne s'occupant aucunement
de ma conduite, je fus tour à tour repentante et
coupable. A Valmy, j'avais quitté les vêtements
de mon sexe, et revêtu l'habit d'homme. Dans les

salons, où l'égalité révolutionnaire étalait quelquefois le faste de l'ancien régime, les hommes se montraient brusques et sans éducation. Je n'avais pas une insatiable coquetterie d'hommages, mais j'avais ma petite vanité, qui me mettait facilement au-dessus des clabauderies et des murmures. Rencontrant les troupes françaises en 1795, mon cœur battit. J'aime cet air de conquête qui sied si bien au caractère français. »

Son mari, ayant su qu'elle l'avait trompé, philosophe, avait pardonné, pardon qu'elle ne lui pardonne pas.

« Soudain je me pris à le haïr. Oublier si promptement une faute qui eût dû lui inspirer à mon égard au moins une réserve attristée, à défaut d'une cruelle indifférence. J'étais sans doute injuste. Mais il me semblait que j'étais ainsi abaissée par lui au rang d'une maîtresse, par les témoignages d'une tendresse qui ne pouvait être basée sur l'estime. — Cette idée fermenta dans ma tête et m'envahit à ce point que je décidai de le quitter, dût cette résolution entraîner pour moi la perte des avantages de ma naissance et de ma fortune, l'indépendance de mon caractère ne me permettant pas de feindre plus longtemps par hypocrisie des sentiments qui n'étaient plus dans mon cœur, résolue à vivre libre, afin de ne plus recevoir de l'homme que j'avais cruellement offensé des preuves d'une tendresse que je ne pouvais plus partager. — Et je partis sans plus jamais regarder en arrière. »

Ce sont là, m'est avis, replis de cœur, délicatesse et hauteur de sentiments dignes en tous points des héroïnes de Racine, sentiments qui jamais ne se démentent chez Ida, laquelle d'ailleurs, aima la Tragédie avec passion, jusqu'à la jouer à la Comédie-Française, en une soirée qui fut sans lendemain.

« Beaucoup, qui n'ont pas comme moi quitté leur mari, n'en valent pas mieux », dit-elle plus loin. — Sans m'en être encore rendu compte, je me trouvais déjà enchaînée au sort de Moreau. Je n'avais pas su résister. — Arrivant ensemble en Italie, il me prévint qu'à partir de ce jour, je serais pour tout le monde *Madame* Moreau. Ces mots produisirent sur moi une impression pénible. Il me semblait qu'en prenant désormais le nom du général, j'allais renoncer une seconde fois à celui qu'une union légitime m'avait donné le droit de porter. Je craignais de faire ainsi publiquement outrage à mon mari, que j'avais si cruellement offensé. »

Ce mari meurt, en Guyane Hollandaise, laissant en faveur de sa veuve des dispositions testamentaires avantageusement importantes.

« Il ne tenait qu'à moi de les faire valoir ; j'abandonnai le legs. »

Séparée de Moreau, elle s'est prise de passion pour Ney, lequel, alors, se trouve précisément sous le commandement de Moreau à l'armée du Rhin.

« Chaque jour plus exaltée, je fus au moment de convertir en or tout ce que je possédais, de prendre mes habits d'homme et de courir à l'armée ; mais la reconnaissance arrêta l'amour. Le souvenir de Moreau, de ses dernières bontés, me fit craindre de le rendre témoin de cette marque publique d'une préférence qui deviendrait pour lui une trop cruelle injure. Je restai donc. »

Mais Ney vient à Paris.

« Si Ney eût été un homme ordinaire, on eût presque trouvé sur son visage de la laideur. Mais avec sa noble taille, avec son attitude et ce regard qui était tout l'homme, on voyait tant de gloire qu'on croyait voir la beauté. Ney était libre encore. Nous fûmes entraînés au delà de l'amitié fraternelle. »

Pour Napoléon, à qui les femmes pouvaient plaire sans l'occuper, écoutons Ida nous conter, sans plus de fausse pudeur que de sot orgueil, très naïvement, sa haute bonne fortune :

« Tout allait vite avec Napoléon. A Milan, je me trouvai dans un cabinet de vingt pieds carrés, avec le souverain pour qui le monde était trop petit. Napoléon ne ressemblait plus du tout au général Bonaparte que j'avais vu maigre et grêle. Certes, ce n'était pas un dameret. Il me traita avec plus de brusquerie que de tendresse, avec la nonchalance d'un souverain. Comme je remarquai l'étonnante blancheur de ses mains, il m'en remercia presque avec le sourire d'une jolie femme. Je puis avouer ici un changement dans mes opinions. A dater de notre entrevue, Napoléon ne s'offrit plus à ma pensée que comme le plus grand homme de son temps. En rentrant chez moi, j'étais fière et humiliée à la fois. »

Et, songeant à Ney, au *Lion rouge*, elle ajoute :

« Ma conscience n'était pas tranquille. »

— XI —

Ney, l'homme de sa vie, elle le suivra à
Eylau, où elle sera blessée; en Russie, où, croit-
elle, « le maréchal céda un peu à la tentation de
la battre »; à Waterloo, où il eut cinq chevaux
tués sous lui, prenant de sa main un drapeau
anglais; et, le matin du 7 décembre, elle le verra
tomber sous le plomb de la Chambre des Pairs.

C'est ici l'occasion de citer la dernière lettre
écrite par celui dont l'héroïsme avait, pendant la
Retraite de Russie, sauvé des milliers de Français, lettre admirable, adressée, avant d'aller
mourir, à son beau-frère habitant la Malgrange,
près Nancy :

Au Luxembourg, le 7 décembre 1815.
4 heures du matin.

« Mon cher Monnier, mon procès est terminé ;
l'huissier de la Chambre des Pairs vient de me
lire la sentence qui me condamne à la peine de
mort. Ménagez cette nouvelle à mon bon père,
qui est sur le bord de la tombe. Avant vingt-
quatre heures je paraîtrai devant Dieu, avec des
regrets amers de ne pas avoir pu être plus longtemps utile à ma patrie ; mais il saura, ainsi que
je l'ai dit devant les hommes, que je me sens

exempt de remords. Embrassez ma sœur ; dites
mille choses pour moi à vos enfants ; ils aimeront,
j'espère, malgré la terrible catastrophe qui me
frappe, leurs bons petits cousins. A Dieu pour
jamais, je vous embrasse avec tous les sentiments
d'un bon frère. »

Le maréchal prince de la Moskowa,
NEY.

Sans insister plus que l'intéressée sur le
caprice impérial, en dehors de Moreau et de
Ney, passion que les circonstances réduisirent
souvent à un « veuvage fraternel », Ida goûta
d'autres intimités, toutes pareillement passagères,
intelligentes et surtout désintéressées, cette
grande amoureuse, qui ne fut jamais une courtisane, n'ayant pas été de celles qui font constater
leur opprobre par acte notarié.

Nous venons d'indiquer la femme intime, pré-
sentons maintenant celle qui s'est elle-même
très justement surnommée *la Contemporaine*.

Après le côté du cœur, le côté de l'esprit.

Mêlée à l'action des vingt-trois années qui ont
vu les hauts faits de la République et de l'Em-

pire, Ida, à qui, le plus souvent, sa situation a
interdit de se peindre autrement qu'en buste, va
nous montrer les autres en pied.

Ne fût-ce que d'un trait, elle va tracer la
silhouette, esquisser le portrait, éclairer le caractère de tous ceux qui l'ont approchée ici et là à
travers l'Europe, soldats, diplomates, ministres,
savants, écrivains, comédiens, banquiers, gens
d'affaires, hommes et femmes, tout le bourdon-
nement de la ruche humaine, récit du plus vivant
intérêt, roman qui est de l'histoire, — histoire
prodigieuse, invraisemblable, d'un temps héroïque
qu'il ne sied pas de juger à l'étroite mesure des
sentiments actuels, rapetissés, diminués, sinon
avilis, par de tristes faits nouveaux.

Femme, elle n'est pas la seule à chevaucher
sur les routes, entraînée par un noble élan dans
le sillon de gloire, suivant le petit chapeau, con-
quise par le conquérant.

Tenez, voici Catherine Pochta, dès le 6 septembre 1792, an IV, canonnière au bataillon
des Enfants-Rouges ; tenez, voici Virginie Ghes-
quière, dite *Joli-Sergent*, Marie Schellinck et
Joséphine Trinquart toutes trois décorées comme
soldats en 1806, six ans après la fondation de

l'Ordre, et la veuve Perrot, cantinière, ainsi que
la veuve Brulon, sous-lieutenant d'infanterie,
décorées le 15 août 1815 ; tenez, voici la veuve
Futerre, ex-dragon ; tenez, voici les sœurs Fer-
nig ; tenez, voici Rose Barreau ; tenez, voici Thérèse Fégure, Thérèse Fégure, dite *Sans-Gêne*, à
dix-neuf ans engagée volontaire, le 20 messidor
an Ier (9 juillet 1793), dans la Légion Allobroge,
ensuite incorporée au 15e, puis au 9e dragons,
blessée d'une balle au sein gauche au siège de
Toulon, Batterie des Hommes-Sans-Peur, blessée
de quatre coups de sabre, le 3 brumaire an VIII,
à la bataille de Savigliano sur la Macra, ayant
eu trois chevaux tués sous elle, deux fois prison-
nière, ayant fait la campagne d'Italie, où Bonaparte l'appelait *Monsieur* Sans-Gêne, ayant été
à Ulm, à Austerlitz, à Vienne, à Iéna, à Burgos,
ayant été emmenée de Lisbonne à Portsmouth
en captivité, et, sous l'uniforme de chasseur à
cheval, ayant revu son Empereur à Paris, en une
grande revue passée au retour de l'île d'Elbe !

Temps évanouis, époque géante, atmosphère
surchauffée, milieu extraordinaire expliquant du
reste l'existence d'Ida et sa conduite, qui n'aurait besoin d'être excusée qu'auprès des sots — et,

de ceux-là, nous ne nous occupons, sachant que rien, rien ne guérit les sots de leur sottise.

Ce qu'il importe de recueillir en ces pages émouvantes, c'est l'impression des mœurs et des idées, des façons d'agir et de sentir d'une époque intéressante entre toutes, de Valmy à Waterloo, de l'aurore au couchant.

Si « arrangés » qu'ils puissent être, les Mémoires ont parfois, contre le vouloir même de leur auteur, cette qualité précieuse autant qu'amusante de nous montrer en chemise des personnages que la sévère Histoire se croit tenue de ne nous présenter qu'en peplum.

En analysant les *Mémoires d'une Contemporaine*, publiées en 1827, et dont la malveillante chronique scandaleuse a dit

> *A Paphos qui séjourne,*
> *Mal y tourne,*

en réduisant leurs trois mille pages à deux cents, et leurs deux cent dix-neuf chapitres à quatorze, M. Henry Lachize ajoute à propos un feuillet au dossier de l'Histoire, à l'heure précise où tout ce qui touche à l'Épopée, aux personnages de la République, du Consulat et de l'Empire, continue

de captiver le monde et il faut savoir gré au tact
de l'éditeur, M. Carrington, qui a pris souci de
donner à l'amazone une monture de race, c'est-
à-dire un volume d'impeccable beauté typogra-
phique, dont les élégantes gravures, dues à
M. Ch. Thévenin, sont, en leur finesse, de parfaite exécution, véritables petits tableaux com-
plétant à souhait ce livre. Les bibliophiles sauront
gré à l'éditeur du choix qu'il a fait de cet
artiste.

Et, puisque nous parlons de gravures, l'icono-
graphie de « la Contemporaine » est pour intéresser les chercheurs.

Voici donc ce qu'on en sait.

Tout d'abord, c'est la *Statue de la femme couchée*, où la belle Ida est représentée dans le plus
galant équipage, en costume qui n'en est pas un,
le plus beau des costumes, rien n'habillant mieux
que le nu, nu souligné par une suggestive drape-
rie qui semble un baiser, volupté de plus.

De quoi l'on ne saurait ni ne doit faire au
modèle aucun reproche.

En effet, Pauline, la sœur même de Bonaparte,
Paulette, comme on la nommait en famille, après
avoir soupiré pour Fréron, après avoir épousé le

— xvii —

général Leclerc, puis le prince Borghèse, se fit-
elle pas représenter en *Vénus victrix* par le
grand sculpteur pour qui elle était plus qu'un
modèle?

> Jetant le voile qui te pèse,
> Réalité que l'Art rêva,
> Comme la princesse Borghèse,
> Tu poserais pour Canova.

Cette *Femme couchée*, dont une réduction fut
offerte par Ida à Talleyrand, sculptée en 1802, à
Chaillot, dans la maison même de Moreau, est
marbre dû au ciseau de François-Frédéric
Lemot, né à Lyon, le 4 novembre 1772, et mort
à Paris, le 6 mai 1827. Élève de Dejoux, premier
prix de l'Académie, soldat sous Pichegru, de
retour à Paris en 1795, Dejoux y exécuta un
Numa Pompilius pour la salle du Conseil des
Cinq-Cents, un *Cicéron* pour la salle du Tribunat,
un *Léonidas* pour le Sénat, un *Brutus* et un
Lycurgue pour le Corps législatif. Au Salon de
1801, une *Bacchante* de lui fut acquise par le
Premier Consul. Le char et les figures de la
Victoire et de la *Paix* de l'Arc de triomphe
du Carrousel sont de lui ainsi que le grand

bas-relief de *Minerve consacrant le buste de Louis XIV*, qui décore le fronton de la Colonnade du Louvre, composition exécutée en 1810, et, pour sa froideur même, trouvée digne du prix décennal. De lui encore la statue de *Henri IV*, depuis 1818 sur le Pont-Neuf. En 1817, Lemot a publié une intéressante *Notice historique sur le château de Clisson*. Enfin il a eu Pradier pour élève.

En 1816, un savant dessinateur, qu'Ida ne nomme pas, accompagnant le duc de Kent à Waterloo, la crayonna, les rubans de son chapeau passés au bras, les cheveux en désordre autour de la tête et les vêtements, non serrés au cou, en forme de robe de religieuse.

En 1820, elle fut lithographiée par Henri Grévedon, né à Paris où il mourut en 1860, et dont la fille avait épousé Régnier, de la Comédie-Française.

En 1828, elle fut de nouveau lithographiée, coiffée d'un large chapeau garni d'un immense voile, en manteau à collet et robe à carreaux, par Achille Devéria, lithographie gravée par J.-M. Fontaine, et, en 1833, par le même artiste, vue de face et mains croisées, avec cette légende :

Comme nous passons, et comme je suis passée !

Quant au Portrait pour lequel Ida posa en 1790 « devant un peintre », c'est très probablement la miniature d'Isabey, que Moreau voulut conserver en quittant sa maîtresse.

Ajoutons qu'en 1806, pendant la campagne de Prusse, il fut fait d'elle un Portrait en costume d'homme, avec les cheveux coupés à la Titus, mais cette esquisse est sans signature.

Et maintenant, pour conclure, quoi qu'on puisse penser de « la Contemporaine, » disons qu'il faut tout lui pardonner parce qu'elle a ardemment aimé.

JULES DE MARTHOLD.

UNE AMAZONE

SOUS LE PREMIER EMPIRE

CHAPITRE PREMIER

AVANT LA GLOIRE

Ida Saint-Elme[1] naquit, le 26 septembre 1778, à Valambrose, charmante campagne des bords de l'Arno, près de Florence.

Elle descendait d'une illustre famille : son père, Léopold Ferdinand de Tolstoy, né en 1749 au château de Verbown, en Hongrie, était fils de Samuel-Léo-

1. De son vrai nom : Elzélina Tolstoy, Van-Aylde, Jonghe.

pold de Tolstoy, duc de Cremnitz, et de Catherine Vevoy, comtesse de Thuroz. A la mort de ses parents, Léopold eut pour tuteur un de ses oncles maternels, au service de l'Autriche. Celui-ci, qui ne cherchait qu'à spolier son pupille, le dépouilla tout d'abord d'une immense terre qu'il possédait dans le comté de Nitria.

A dix-neuf ans, le jeune Léopold parcourait déjà les champs de bataille, aux côtés de son grand-oncle maternel Béniowski, qui s'était attaché à la fortune de Charles de Lorraine.

Poussé par Béniowski, Léopold résolut de se faire rendre justice. Il rassemble les anciens vassaux de son père, les harangue, attaque, à leur tête, le château usurpé par son tuteur, et rentre de vive force dans le domaine de ses aïeux. Son triomphe fut de courte durée. Accusé d'avoir soulevé ses vassaux contre la puissance impériale, il fut condamné au bannissement. Il avait alors vingt et un ans. Voulant se venger de son persécuteur, il parvint à le provoquer en duel. Le résultat de cette rencontre fut heureux pour lui; mais, trop empressé à porter secours à son ennemi blessé, il fut arrêté sur le terrain même du combat et conduit à la citadelle de Presbourg. Il n'y resta pas longtemps, car la nièce du gouverneur

de la citadelle, Ida Kormwitz, s'éprit follement du
beau prisonnier. Elle réussit à le faire évader et ils
s'enfuirent jusqu'aux frontières de l'empire russe.

Ida Kormwitz ne voulut point accepter le nom que
lui offrait Léopold en reconnaissance de ses services,
et se retira à l'Abbaye de Novitorg.

Refusant une riche alliance proposée par Béniowski,
Léopold quitta Saint-Pétersbourg, où il avait rejoint
son grand-oncle et se rendit à Dantzig, d'où il s'embarqua pour Hambourg. De cette ville, il vint à
Amsterdam et arriva enfin à La Haye en 1774.

Là il épousa Mlle Van-Aylde et quitta le nom de sa
famille pour prendre celui de sa femme[1].

Celle-ci eut deux fils qui moururent en bas âge.

---

1. Ida Saint-Elme explique ainsi cette détermination : Mlle
Van-Aylde avait une tante qui, n'ayant pu trouver dans
sa jeunesse un nom digne de s'allier au sien, avait vieilli
dans le célibat. Elle choisit sa nièce pour unique héritière de
son immense fortune, à condition de mourir fille comme elle
ou de n'accepter pour époux qu'un homme d'antique origine,
qui consentirait, en se mariant, à échanger son propre nom
contre celui de sa femme. Il fallait qu'elle souscrivît à cette
condition formelle, sans quoi Mlle Van-Aylde perdait tous
ses droits à la succession, et le legs universel revenait
aux hôpitaux. M. de Tolstoy était trop épris pour balancer
entre le bonheur que lui promettait son mariage avec une
femme dont il était adoré, et quelques considérations d'ordre
nobiliaire.

Elle était de santé délicate, et son état s'aggravant, ils partirent tous deux pour l'Italie, où Elzélina vint au monde.

Ses premières années offrent peu d'intérêt.

« Dès le berceau, dit-elle mon oreille n'entendit que des chants mélodieux » ; dès le berceau, en effet, elle fut charmée par l'harmonie des strophes du Tasse. « Quand mon intelligence commença à se développer, les fictions de l'Arioste vinrent étonner ma jeune imagination. La lecture de ce poète était la récompense qu'on m'accordait dans les heures de récréation qui interrompaient mes faciles études : je n'avais pas d'autres maîtres que mes parents. »

Son éducation physique n'était pas moins soignée. Habile à tous les exercices du corps, son père avait fait établir dans sa villa un manège, une salle d'escrime, un jeu de paume et un billard.

Dès son plus jeune âge, Elzélina faisait de longues promenades à cheval, accompagnée de ses parents.

Un naturel masculin semblait la dominer toujours, ce qui n'était pas sans contrarier sa mère.

« Je n'avais pas encore six ans que déjà je galopais avec intrépidité sur mon petit cheval hongrois, placée entre mon père et ma mère, qui surveillaient de l'œil tous mes mouvements.

« Malgré les douces remontrances de ma mère, qui
craignait toujours que je ne finisse par contracter des
habitudes trop mâles, mon père me faisait prendre
part à ses exercices les plus favoris, il me donnait
des leçons d'escrime. J'étais heureuse des petits
succès que mon adresse me faisait quelquefois
obtenir.

« Un jour entre autres, ma joie alla jusqu'au délire ;
ce fut le jour où mon père me reçut *élève*, aux acclamations et aux applaudissements de ses hôtes et de
ses amis rassemblés pour cette fête : déjà armée de
mon plastron, les mains couvertes de mes gantelets,
et brandissant mon fleuret, je m'élançais vers ma
mère pour qu'elle m'attachât mon masque. En rele-
vant les longues boucles de mes cheveux blonds, et
les réunissant sous le ruban qui devait les retenir, elle
laissa tomber une larme de ses yeux. Était-ce une
larme de joie, ou bien ma bonne mère devinait-elle
par une prescience secrète, à quels malheurs m'ex-
poserait un jour la facilité de mon âme à passer subitement du calme le plus profond en apparence au
plus fol enthousiasme ? »

Ce fut un heureux séjour sous le beau ciel d'Italie,
mais ce bonheur ne devait pas durer : Le temps
n'avait pas apaisé la haine des ennemis de Léopold

de Tolstoy ; ses jours étant menacés en Italie, il résolut de retourner en Hollande.

Le 2 novembre 1787, ils se mirent en route. Ce voyage
se termina par une tragique aventure : à Rotterdam, le
27 décembre de la même année, Léopold de Tolstoy
mourut des suites d'une maladie contractée en voulant
sauver un vieux serviteur qui se noyait dans le Waal.
Sa malheureuse femme ne voulut pas abandonner ces
lieux qui lui rappelaient un si cruel souvenir et s'établit dans le petit village où était mort son mari.

*
* *

Deux ans s'écoulèrent. Elzélina grandissait ; son
imagination ardente, lasse de son oisiveté, s'élançait
chaque jour vers de nouvelles sensations. Cet ennui
devait fatalement la conduire à un résultat : ce fut
son mariage.

Pendant une belle matinée du mois de mai, elle
parcourait seule, à cheval, un grand parc dont le propriétaire lui était inconnu, lorsqu'au détour d'une
allée, apparut un jeune homme d'une figure charmante, dont l'expression était pleine de grâce et de
bonté. On rougit un peu de part et d'autre, on se salue

avec courtoisie, et la conversation s'engage. Elzélina apprend que le bel adolescent est fils unique de M. Van-M*** d'Amsterdam, propriétaire de ce superbe domaine ; elle ne fait pas non plus mystère de son nom et de sa demeure. Quand on eut bien trotté, bien galopé de conserve, causé aimablement côte à côte, force fut de se séparer, après, toutefois, avoir échangé la promesse de se retrouver le lendemain à un endroit désigné, pour entreprendre une plus longue promenade.

De ce jour, la vie d'Elzélina prit une direction toute nouvelle. Elle dit dans ses *Mémoires* que ce qu'elle éprouvait « n'était pas tout à fait de l'amour », ce qui est fort possible, parce qu'à onze ans, quelque heureusement née et précoce que soit une jeune fille, elle n'a pas encore d'idées bien arrêtées sur les mérites d'un homme. Elzélina parut donc s'abandonner à un sentiment instinctif qui, depuis ce jour, se développa et s'accrut merveilleusement. Cependant, un obstacle imprévu vint déranger tous les projets qu'elle avait formés pour ce premier rendez-vous, mais elle trouva d'elle-même le remède à la contrariété qu'elle en éprouva.

A peine le soleil était-il levé que le beau jeune homme reçut ce joli petit billet :

« Je sais que je fais mal de vous écrire, car je me cache de
maman, et je trompe un domestique qui aura le droit de me
mépriser. Mais je vous ai promis d'aller me promener avec
vous, et il faut bien que vous sachiez que je ne puis pas tenir
ma promesse ; vous avez l'air si bon, si doux et si gai ; la
douleur de maman rend notre vie si triste, que je n'avais
pas cru mal faire en acceptant l'offre que vous me faisiez
d'entreprendre avec moi une longue course. Wilhelm[1] m'a
fait voir que j'avais eu tort, et j'aime trop maman pour vouloir jamais ajouter à ses peines. Cependant, je voudrais bien
goûter avec vous le plaisir de la promenade ; ce désir n'a
certainement rien de répréhensible. Au lieu de courir les
grands chemins, venez voir mes parterres, mes viviers, ma
volière ; je m'ennuyais de tout cela, mais je crois qu'avec
vous, je pourrai m'en amuser encore. Tous les matins, je
dessine pendant une heure dans le petit pavillon qui est à
l'entrée de la grande prairie ; j'étudie ensuite un peu ou
je fais de la musique ; ensuite, je déjeune avec maman, et
je ne la revois plus depuis dix heures jusqu'à trois. Si vous
voulez venir demain à la petite porte des marais, je peux
l'ouvrir et nous nous arrangerons pour nous voir tous les
jours ; cela me rendra un peu de gaîté, sans inquiéter ni
chagriner ma bonne mère. »

Venez voir mes parterres, mes viviers, ma volière !
Cette enfant appelait un ami pour partager ses plaisirs. *Enfant*, certes, qui se sent devenir femme, qui
le veut, poussée par un destin aveugle qui l'entraî-
nera jusqu'à la chute, après lui avoir fait connaître
une parcelle de gloire...

Van-M*** avait vingt-trois ans ; il aimait Elzélina

1. Un domestique.

avec passion et n'avait qu'un but : en faire sa femme.

Tous les jours, la petite porte s'ouvrait, et l'heureux adolescent était introduit dans le pavillon. Notre ingénue lui donnait des leçons d'italien, et, lui, en donnait de hollandais ; quoi de plus innocent ? Cependant la maîtresse d'italien s'aperçut un beau jour que le maître de hollandais avait conçu pour elle une amitié qui ressemblait à ce qu'elle avait lu de l'amour dans les poèmes du Tasse et de l'Arioste. Quant à elle, cette funeste passion ne l'avait pas encore effleurée. Ce fut pourtant avec une douce émotion qu'elle écouta le jeune Van-M*** quand il lui proposa de l'épouser, et de l'enlever au préalable. Elle fut même fière en pensant à l'honneur qui lui adviendrait, d'une aventure si rare, à son âge.

L'enlèvement s'exécuta sans encombre. Le soir, le couple fugitif, descendu dans une auberge, se félicitait d'avoir échappé à tout surveillant incommode, et dans un délicieux tête-à-tête, Elzélina contemplait son amant avec délices, alors que lui, d'une voix émue, lui disait de douces choses...

Tout à coup, la porte s'ouvre violemment. Qu'aperçoivent les amants effrayés ? Le père de Van-M***, assisté du bourgmestre du lieu et de quatre témoins. Le jeune homme est sommé de retourner sous le toit

paternel. Puisant son éloquence dans son désespoir
même, il plaide sa cause avec une telle chaleur, que
le père, tout attendri, promet de ne jamais rompre
d'aussi beaux liens, à condition que la petite soit
ramenée dans les bras de la tendre mère qui la pleure.

Cette capitulation acceptée, Elzélina court se précipiter aux genoux de la bonne Mme Van-Aylde-
Jonghe. Elle n'a jamais rien refusé à sa fille
chérie ; munie de son consentement, Elzélina, âgée
de douze ans à peine, va recevoir la bénédiction nuptiale à Amsterdam.

*
* *

Van-M*** s'occupait passionnément de politique. La
politique ! l'éternelle ennemie des ménages. C'était la
rouge aurore de la Révolution. Van-M*** résolut de
servir de tous ses moyens une cause dont le triomphe
semblait, à ses yeux, devoir assurer pour toujours le
bonheur et la liberté de sa patrie. Il amena rapidement Elzélina à partager ses opinions, et tous deux
s'apprêtèrent à quitter la Hollande pour rejoindre au
plus tôt l'armée française. Le jour du départ est fixé :
les préparatifs sont faits. Ce jour même, pendant
qu'Elzélina se livrait aux soins de sa toilette, on

sonne violemment à la porte. Ce sont des officiers
anglais, commandés par le duc d'York lui-même [1].
Cette invasion subite effraya d'autant plus la jeune
Elzélina que son mari est arrêté et enfermé provisoi-
rement dans une salle basse de la maison, sous la
surveillance de deux sentinelles.

Comme les Anglais, et le duc en tête, ne cessaient
de boire, Elzélina, qui connaissait certainement la
Bible, calcula que l'instant viendrait où il lui serait
possible de jouer le rôle de Judith. Mais avant de
trancher la tête de l'Holopherne britannique, il aurait
fallu qu'elle se prêtât aux caresses de l'Anglais. Il parut
plus simple à Elzélina de faire évader le prisonnier
par une porte secrète. Si le duc d'York conserva sa
tête sur ses épaules, il eut le désespoir de constater,
à son réveil, la disparition du prisonnier et de sa
femme qui, dans une berline bien attelée, se diri-
geaient vers l'armée française. En avant ! en avant !
une marche forcée à travers les marécages. En avant !
l'espoir d'échapper stimule les forces des fugitifs.
Mais la fuite est vaine : brusquement entourés par

1. Il y a à cet endroit des *Mémoires d'Ida Saint-Elme* un
anachronisme. Elle fait venir le duc d'York en Hollande deux
ans trop tôt. Peut-être a-t-elle confondu les deux époques de
la retraite des alliés et de l'expédition de Nord-Hollande.

des cavaliers anglais, ils se voient séparés par ces
derniers qui, en agissant ainsi, manquent de tact et de
délicatesse. Pourtant M. Van-M*** réussit à faire
parvenir à la malheureuse éplorée un billet par lequel
il lui apprend qu'il sera sous peu remis en liberté et
lui demande de le rejoindre à tel endroit désigné.

Elzélina se met à peine en route... qu'elle est
arrêtée et enlevée par le duc d'York qui, avec les
marques du plus profond respect, commence par bien
s'assurer de sa personne. Heureusement pour notre
héroïne, des émigrés français se rencontrent sur sa
route et cherchent à la délivrer. Le duc d'York ne
veut pas lâcher sa proie. Il y a lutte entre Elzélina
et lui, lutte qui se termine par une gifle magistrale
dont le duc est tout troublé. A la faveur de cette
confusion, vite, elle rejoignit son mari, remis en
liberté, et, continuant leur route sur Bruxelles, où Van-
M*** possédait une propriété, ils arrivèrent promptement au but de leur voyage.

. . . .

Arrêtons ici ces notes de sommaire biographie. A
partir de ce moment précis, la vie d'Ida Saint-Elme
appartient à l'Histoire. A l'Histoire, car Elzélina
assista aux Saturnales du Directoire, vit la gloire du
Consulat et la grandeur de l'Empire. Elle a vécu avec

d'illustres capitaines, hommes d'État, hommes de
lettres et artistes célèbres. Et dans sa longue et pittoresque existence, on la vit, chevauchant à la suite
des armées, faisant parfois le coup de feu ; attirée,
fascinée par le panache, par la gloire... et par le sabre,
symbolisant la Force. Elle fut vraiment une *Femme
à soldats*, cette héroïne, jamais lasse, qui franchit
toutes les étapes de l'épopée impériale et se mêla
intimement à l'intrigue qui commença à la canonnade
de Valmy et se dénoua tragiquement au champ de
bataille de Waterloo...

CHAPITRE II

Van-M*** et Elzélina restèrent deux mois aux environs de Bruxelles. Ce temps ne fut pas perdu pour
notre héroïne qui faisait de longues promenades à
cheval, jouait au billard et se livrait avec ardeur au
plaisir de la déclamation. Quelques hommes, et
des plus aimables de la société de soldats français[1]

1. On s'étonnera peut-être qu'Elzélina ait vu les Français à
Bruxelles à cette époque. Là encore, il y a certainement une
confusion de dates bien pardonnable, en vérité, pour une

qui l'entourait, cherchèrent à lui plaire, mais aucun
n'y put réussir.

« Il a toujours fallu pour me séduire, dit-elle, un
mérite distingué, en quelque genre que ce fût : si je
portais mes regards autour de moi, ils n'étaient frap-
pés d'aucune supériorité ; en revanche, les médiocri-
tés abondaient dans notre cercle. Mon cœur resta
donc libre, et je demeurai, sans pouvoir en tirer
grande vanité, fidèle à mes devoirs d'épouse, comme
je l'avais été jusqu'alors. »

Elle ne devait pas rester longtemps fidèle à ces
principes.

A la fin d'août 1792, M. et Mme Van-M*** quittèrent leur propriété pour prendre la route de Lille.
La ville faisait d'importants préparatifs pour soute-
nir le siège dont elle était menacée. Obligés de rester
en dehors, ils descendirent dans une auberge d'un
faubourg.

Le général Van-Daulen, cousin de Van-M***, vint
les visiter, accompagné de plusieurs officiers français.

« Je n'en citerai qu'un seul, dit Elzélina, le
jeune Marescot, déjà distingué dans l'arme du génie,
où il ne servait encore que depuis peu de temps ; il

personne, qui, n'ayant que des souvenirs imprécis, écrit ses
mémoires à un âge avancé.

avait un extérieur aimable, et paraissait doué de
toutes les qualités qui commandent l'estime et l'intérêt. Pendant le temps que dura la visite, les
regards des officiers qui accompagnaient le général
se tournèrent souvent vers moi. Dans cette foule
d'admirateurs, je ne distinguais que Marescot : il semblait que l'attention mêlée de surprise avec laquelle il
me considérait, me fit sentir pour la première fois tout
le prix de la beauté ; mes yeux rencontrèrent souvent
les siens tandis qu'il était devant moi, et lorsqu'il fut
parti, je le voyais encore. »

Et plus loin, elle ajoute :

« Je rencontrais partout Marescot : il n'était alors
que simple capitaine, mais son mérite déjà éprouvé,
sa bravoure, et l'amabilité de son caractère le faisaient considérer à l'égal de bien des officiers plus
âgés ou plus avancés que lui dans la hiérarchie militaire. J'écoutais avec plaisir tout le bien qu'on disait
de ce jeune officier, et mon imagination se plaisait à le
parer chaque jour de qualités nouvelles. En sa présence, j'étais confuse, embarrassée; j'éprouvais un
plaisir mêlé d'inquiétude ; j'aurais voulu le voir sans
cesse, et cependant je tremblais en entrant dans les
endroits où j'étais certaine de le rencontrer. »

Il ne faut pas oublier qu'Elzélina n'avait que qua-

torze ans. Quand, à cet âge, on possède un cœur
aussi impressionnable, quand, loin de sa mère, on a
un mari qui vous délaisse pour aller pérorer dans un
club, il faut bien une distraction quelconque. Aussi,
peu à peu, Elzélina devint moins timide et ne resta
plus muette auprès du jeune capitaine. Elle alla même
jusqu'à le prendre pour arbitre dans les différends qui
s'élevaient entre elle et son mari. Elle nous apprend
que Marescot, touché de cette preuve de confiance,
était constamment de son avis. Nous n'en doutons
nullement, quoiqu'il est bien dangereux d'agir ainsi à
là face d'un mari dont on est adoré. Marescot était
donc devenu le confident d'Elzélina, qui n'eut plus de
secrets pour lui.

Enfin, lorsqu'elle fit un retour sur elle-même, et
qu'elle examina l'état de son âme, il était trop tard et
déjà elle était perdue. Elle-même l'avoue. Tel fut le
premier pas vers le péché. Le châtiment ne se fit pas
attendre ; la guerre éloigna le trop aimable séduc-
teur : le bonheur n'avait duré que trois semaines, et
les remords devaient être éternels.

Cependant les troupes françaises étaient partout
victorieuses. L'ennemi était contraint de fuir devant
les soldats de la jeune République, le plus souvent
dépourvus de vivres, de chaussures et de vêtements,

mais qui n'en culbutaient pas moins, en chantant, des armées aguerries et pourvues de tous les moyens de vaincre.

Van-M***, chargé d'une mission importante, partit immédiatement pour Paris avec Elzélina. Celle-ci, dans la grande capitale, ne devait pas trouver plus de repos et de bonheur qu'à Lille. Elle fut reçue en des salons où l'égalité révolutionnaire étalait quelquefois le faste de l'ancien régime. Jeune, belle, riche, mariée à un homme considéré, elle était un objet d'envie, et pourtant n'était pas heureuse. Elle-même ne se rendait pas compte de ce qui lui manquait. Délaissée par son mari, elle ne pouvait que comparer sa froideur aux lettres vibrantes et passionnées de Marescot, et, de toute son âme, de tous ses vœux, elle aspirait à le revoir. Ce jour tant désiré arriva; ils se retrouvèrent à Dampierre-le-Château, le 12 septembre 1792.

Van-M*** avait offert ses services à la République et s'était engagé comme volontaire.

Elzélina n'hésita pas. Elle quitta ses vêtements, revêtit des habits d'homme, et partagea les périls de la guerre à la suite des armées.

C'est ainsi qu'elle assista, le 20 septembre, au combat de Valmy.

« Il ne m'appartient pas, dit-elle, de raconter les
prodiges de valeur dont je fus témoin dans cette
mémorable journée : l'infériorité du nombre, du côté
des Français, pouvait faire craindre un revers ; leur
courage, leur audace et la savante habileté de leurs
chefs assurèrent la victoire. Je vois encore le général
Kellermann agitant un chapeau au bout de son sabre,
et commandant de charger à la baïonnette sur les
Prussiens. Un tel spectacle me mettait hors de moi :
la violence de mes émotions me jetait dans une sorte
d'ivresse ; il semblait que je fusse pour quelque chose
dans le gain de la bataille, tant je me réjouissais de
la victoire. Les manœuvres toujours heureuses des
troupes françaises avaient seules occupé mon attention pendant la journée, et je n'avais pas eu le temps
d'avoir peur ! »

Le soir de ce grand jour, Elzélina revit Marescot.
Et Van M***, que faisait-il ?

Confiant dans son aimante et *vertueuse* épouse, il
l'avait momentanément quittée pour suivre le général
Beurnonville à Sainte-Menehould, où Elzélina rejoignit son mari, quelques jours après. Il semble
naturel qu'étant dans son intimité, le général cher-
chât à lui faire la cour. Mais, fi donc ! il fallait
d'abord plaire à cette trop difficile dame, et ce ne fut

pas le cas de Beurnonville qui vit toutes ses avances
repoussées avec dédain.

Au milieu de ces plaisirs sans cesse renouvelés,
Elzélina reçut de mauvaises nouvelles de Hollande.
La vie de sa mère était menacée, et, dans la triste
perspective d'une catastrophe prochaine, elle voulait
revoir sa fille. Elzélina n'hésita pas. Dans cet être
fantastique, d'apparence frivole, battait un cœur
élevé. Elle fut brave, fière, généreuse. « Dans ses
faiblesses même, elle porta à ceux qui répondaient
le mieux à son état d'âme un culte profane, mais
sincère, qui ne fut pas un sentiment vulgaire [1] »,
mais, par-dessus tout, elle devait toujours avoir,
profondément ancrés en elle, le sentiment et le respect
de la famille.

Elle quitta donc toutes ses distractions et s'empressa de se rendre à Leyde, auprès de sa bonne
mère.

« Je revis ma mère avec un sentiment de joie
inexprimable. Avec quelle chaleur et quelle franchise
je lui promis de veiller à ses côtés et de ne plus la
quitter ! Dans ce moment, en effet, je n'avais pas
d'autre désir ni d'autre besoin. Elle sembla m'écouter

1. Napoléon Ney. Préface aux *Mémoires d'une Contemporaine.*

avec délices, me pressa contre son cœur, et je me crus un instant revenue à ces jours de mon enfance, où un seul sourire de ma mère était pour moi la source du bonheur !... »

C'est Elzélina qui parle. Elle adorait sa mère, et tant que dura sa maladie, elle lui procura les soins les plus tendres. Elle commençait cependant à trouver son existence monotone : l'élu de son cœur, Marescot, n'était plus là pour lui faire paraître le temps moins long, et, trop occupé, sans doute, par les combats, il ne répondait plus aux lettres de l'adorée !...

Elzélina jouissait dans le pays de sa mère d'une considération très limitée... plutôt médiocre. On savait qu'elle avait suivi les armées de la République en costume d'homme, et il n'en fallait pas davantage pour que les médisances allassent leur train. Pour y couper court, Elzélina et sa mère résolurent de quitter Leyde et se retirèrent dans une campagne aux environs de Wardenburg. Là, elle reprit bravement les habits masculins et se fit présenter partout sous le nom de baron Van-Aylde-Jonghe.

Le jeune baron conduisait lui-même la calèche dans laquelle les deux femmes faisaient de très longues promenades.

Un jour, le bailli d'un canton invite à descendre
chez lui le faux jouvenceau et sa mère. Ce bailli avait
épousé, depuis peu, une jeune, jolie et fort affable
dame. Dans la simplicité de son âme, la petite
femme s'en rapporte aux habits de M. le Baron et ne
peut s'empêcher de trouver que jamais il ne lui
était arrivé de rencontrer un jeune homme plus
avenant. Ne voulant pas sembler moins aimable, la
maligne Elzélina, que cette aventure amusait, trouva
fort piquant de ne rien négliger pour la faire donner
dans le piège. Les choses allèrent si bien et si vite
qu'au moment de la séparation, Marie — c'était le
nom de la femme de M. le Bailli — remit au baron
un superbe bouquet, d'un air si mystérieux, qu'Elzélina entrevit la vérité. Ce beau bouquet renfermait,
non pas précisément une déclaration d'amour,
mais une invitation pressante à M. le Baron de se
trouver le lendemain dans un bosquet solitaire, où
on lui communiquerait des choses bien intéressantes !...

Le jeune baron vole au rendez-vous avec autant
d'empressement que s'il eût été en état d'en profiter.
Avec beaucoup de rougeur, et même quelques
larmes, Marie confesse qu'elle n'est pas heureuse avec
son vieil époux, et que son cœur aurait besoin d'en

trouver un autre qui compatît à ses peines. Attendrie
par cette déclaration touchante, Elzélina oublie son
rôle, et s'écrie qu'à défaut d'un consolateur, elle peut
du moins lui offrir l'*amie* la plus tendre... Marie est
anéantie par cet aveu, et ce ne fut que la réflexion
qui lui rendit le calme.

Si l'amant imaginaire et tant désiré avait disparu,
en compensation, la vertu lui restait intacte.

Enfin, Van M*** rappela sa femme, mais ce ne fut
que pour rentrer avec elle à Amsterdam en même
temps que les armées françaises.

Tout allait bien, mais les dames hollandaises se
montraient fort réservées à l'égard des officiers
français. Elzélina se chargea d'aplanir toutes difficultés. Un grand bal, proposé et accepté, réunit dames
et militaires, et celles-là n'eurent sans doute pas à
déplorer le manque de galanterie de MM. les Officiers
de la République, puisque tout se passa pour le
mieux. Ce fut un événement important, et, à défaut
de la confiance des membres du gouvernement hollandais, les Français avaient acquis celle des dames
hollandaises.

C'était déjà beaucoup.

Parmi les officiers français qui fréquentaient la maison de Van M***, le général Grouchy était un des plus assidus. Elzélina le décrit ainsi :

« Les compliments qu'il m'avait adressés sur l'habileté avec laquelle je m'étais acquittée de ma mission auprès des dames d'Amsterdam avait flatté mon amour-propre. M. de Grouchy ne paraissait alors âgé que de vingt-six à vingt-sept ans. Sa figure n'avait rien de remarquable au premier abord, et sa taille était ordinaire. Mais la politesse et la grâce de ses manières le rendaient fort agréable. Le général républicain avait conservé toute l'élégance du courtisan de Versailles. J'ai connu peu d'hommes aussi aimables que lui quand il voulait plaire ; il le voulut ce jour-là. »

Il le voulut également un autre jour où Elzélina lui arracha un sauf-conduit pour deux émigrés français dont la vie était en danger.

Elzélina organisait d'autres petites fêtes et passait son temps très agréablement, lorsqu'au bout de quelques semaines il lui fallut partir pour Bois-le-Duc. Le général Grouchy l'accompagna jusqu'à

Utrecht. Là, il la quitta et ils ne devaient se revoir
que longtemps après.

En effet, la campagne continuait, et des dépêches
reçues de France ordonnaient de nouvelles rigueurs
contre les émigrés français réfugiés en Hollande. Ces
ordres n'étaient pas du goût de tous les officiers qui
cherchaient un moyen de les éluder : « La liberté !
certainement nous la voulons tous, — disaient avec
feu les généraux Sainte-Suzanne, Saint-Cyr, Dessoles
et Grouchy, — sans elle, point de salut pour la
France, mais la liberté sans échafaud ! »

*
* *

Elzélina descendit à Bois-le-Duc chez son oncle
maternel, le baron Vanderke, dont la maison était
occupée par le quartier-général de l'armée française,
et servait de logement au général en chef Pichegru.

Les généraux Pichegru, Moreau et quelques autres
officiers supérieurs avaient été présentés à Elzélina,
dès son arrivée, comme les amis de la famille. Elle ne
devait pas tarder à s'apercevoir du profond amour
que Moreau avait inspiré à la fille du baron Vanderke, Maria.

« — Ma cousine, lui dit-elle, votre attachement

pour le général Moreau me paraît plus tendre que ne
l'est d'ordinaire la simple amitié.

— Oui, répondit Maria, il a tout mon amour, et
cet amour ne finira qu'avec ma vie. »

Elle ne pouvait faire un aveu plus catégorique des
sentiments qu'elle éprouvait pour Moreau. Ce dernier, adroitement interrogé par Elzélina, avoua qu'il
songeait à tirer Mlle Vanderke de la fausse position
dans laquelle il l'avait placée :

« — Il y a longtemps, lui dit-il, que mon bonheur
fait mon supplice, parce qu'il me laisse toujours des
remords. Puisque Maria s'est confiée à vous, veillez
sur elle : je l'aime, sans doute, mais non pas de cet
amour ardent qui seul peut la rendre heureuse.
Cependant si elle peut se contenter des sentiments
que j'ai à lui offrir, Madame, je remets notre sort
entre vos mains. Je pars dans deux jours pour
Bommel avec M. Van M*** : permettez-moi de vous
adresser de là une lettre que vous remettrez à votre
cousine. Si mes offres sont rejetées, je vous jure
d'avance que cette lettre sera la dernière qu'elle
recevra de moi, et je ne reparaîtrai plus dans la maison de son père. »

Moreau partit en effet. Quinze jours se passèrent :
Maria tomba malade, et seuls, les soins empressés

d'Elzélina empêchèrent qu'on ne rapprochât l'époque
de cette maladie subite de celle où Moreau avait
quitté Bois-le-Duc. Là, se termina cette petite aventure.

Ainsi que nous l'avons dit, Elzélina était en relations avec Pichegru. Ce dernier semblait la remarquer beaucoup, et quelques paroles qu'il lui adressa
la confirmèrent dans son opinion. Elle devait être
promptement désillusionnée. Pichegru ne cherchait
qu'une chose : se servir d'Elzélina pour mener à bien
une petite intrigue politique qu'il fomentait. A son
tour, il devait être déçu. Ce fut bien, comme le dit
Elzélina, une double méprise, car tous deux se rap-
prochèrent dans un but différent.

Déjà, à côté du général en chef Pichegru, grandissait la réputation militaire de Moreau. Aux qualités
dont il faisait preuve depuis quelques années, Moreau
joignait un désintéressement bien rare parmi les
chefs d'une armée conquérante. Jamais on ne le vit
accepter les présents que chaque ville avait pour
usage d'offrir aux généraux. Sa réputation de droiture
était si bien établie que, plus d'une fois, des Hollandais vinrent le consulter sur leurs affaires person-
nelles. Hélas ! que n'est-il tombé en Hollande, en
Allemagne, en Italie, au milieu de ces Français qu'il

avait si souvent conduits à la victoire ! Pourquoi sa
mort n'a-t-elle pas été digne d'une vie si bien
commencée.

Les militaires français perdent rarement leur temps
à gémir des peines de l'absence, et ils ne refusent
jamais les consolations offertes par le hasard des
événements. C'est ce qui arriva pour Grouchy,
qu'Elzélina revit à Utrecht, fort empressé auprès
d'une dame de cette ville. Il est vrai qu'elle n'avait
pas encore eu *le temps* de l'aimer, et, en conséquence,
elle ne put éprouver la moindre jalousie.

A Utrecht, Elzélina entendit pour la première fois
le nom de Ney : Kléber venait de le nommer adjudant-général, à la suite d'une action d'éclat.

Tous les officiers présents se répandirent en éloges
sur Ney.

Elzélina restait pensive...

Le récit de ses exploits venait de lui conquérir cet
homme. Muette, et vivement émue, elle partageait
l'enthousiasme général.

Ney est la plus grande et la plus complète person-
nification des armées françaises de cette époque.
S'élançant avec elles à la frontière, c'est en défen-
dant contre l'étranger l'indépendance nationale qu'il
s'était élevé en grade. On racontait sur lui de nom-

breuses anecdotes. Une est célèbre : A la tête d'un escadron de hussards, Ney chargeait les Anglais. Apercevant le chef, il s'élance sur lui, le poursuit à outrance, et le somme de se rendre. L'Anglais lui offrit sa bourse. A un sourire de Ney, il se méprend et lui fait les plus brillantes propositions s'il veut abandonner les républicains et passer au camp ennemi.

« — De l'or et une trahison ! s'écrie Ney, c'en est trop. C'est vous qui allez déserter à la face de votre armée. »

Et poussant devant lui l'officier anglais, il force les lignes ennemies et ramène son prisonnier au camp.

Elzélina prenait vivement intérêt à tous ces récits.

« — Colonel, dit-elle au narrateur, si vous écrivez à votre ami, je vous prie de lui dire qu'il y a, en Hollande, une dame qui prend une part bien sincère à ses succès et à sa gloire. »

Cependant un complot se tramait sourdement en Hollande. Van-M*** quitta brusquement Utrecht et se dirigea sur Amsterdam. A peine y eut-il installé Elzélina qu'il repartit de nouveau et laissa sa femme seule pendant une semaine. Celle-ci rendit beaucoup de visites aux membres de sa famille, mais comme ceux-ci blâmaient sa conduite... excentrique, Elzélina

jugea plus sage d'interrompre toutes relations avec
eux. Une jeune fille surtout, Mlle Élisabeth, qui avait
été destinée à devenir l'épouse de Van-M***, tout en
ne cachant pas son dépit, saisissait toutes les occa-
sions de réprimander Elzélina, qui rentra définitive-
ment chez elle.

Là, elle reçut un message de Marescot qui devait
brusquer les événements. Sevelinges [1] raconte spiri-
tuellement la scène qui se produisit :

« Elle était seule dans son boudoir, si c'est être seule
que d'avoir devant les yeux l'objet qui absorbe toutes
nos facultés. Un domestique lui apporte une boîte qui
vient d'arriver; sur cette boîte est une adresse : juste
ciel ! quelle main l'a tracée !...

« Se rappelle-t-on ce jeune et aimable Marescot,
dont il a été question dans les premières pages de cette
véridique histoire ? Cette main n'était autre que la
sienne. Accablée de l'idée que la boîte contenait le
dernier gage d'amour, peut-être le dernier adieu d'un
homme dont le souvenir, un instant effacé, vivait
toujours au fond de son cœur, Elzélina éperdue brûlait et tremblait tout à la fois de satisfaire sa curiosité.

« On a dit qu'une destinée fatale amenait toujours les

1. L. de Sevelinges. *La Contemporaine en miniature*. Paris,
1828.

maris au moment où, pour leur bonheur plus encore
que pour celui de leurs femmes, ils devraient être
bien loin. C'est ce qui arriva encore cette fois. Depuis
longtemps, M. Van-M***, tout occupé de ce qui se
passait en Europe, n'avait eu l'idée d'aller voir à
quoi s'amusait sa chaste moitié dans son intérieur.
Ce jour-là précisément l'envie lui en prend. Au bruit
de ses pas et de la porte qui s'ouvre, Elzélina perd
la tête, et même la connaissance. Quand elle revint
à elle, la boîte était entre les mains de son époux. Il
avait pénétré toute la profondeur du mystère ; mais
il était philosophe et accoutumé aux révolutions des
empires. Une aventure de ménage aurait-elle eu le
pouvoir d'ébranler son stoïcisme ? Il s'éloigne, après
avoir dit de fort belles choses sur la fragilité
humaine.

« Mais sa petite femme peut se vanter d'être encore
plus stoïcienne que lui. Il avait laissé près d'elle
cette boîte qui devait la rendre plus curieuse encore
que ne le fut Épiméthée avec celle de Pandore : eh
bien ! elle passa le reste du jour, la nuit entière,
sans y jeter les yeux ; et enfin — la postérité vou-
dra-t-elle le croire ? — elle condamna aux flammes,
lettres, cheveux, portrait.... Elle s'y fut jetée elle-
même dans un accès d'héroïsme. »

Van-M*** pardonna facilement à sa femme, mais celle-ci, loin de lui en être reconnaissante, préféra s'en séparer à jamais.

Quelques jours après, une lettre énergique, mais fort civile, signifia à M. Van-M*** sa résolution irrévocable de vivre à jamais loin de lui, en renonçant à tout droit sur sa fortune et sur son nom.

Quand il reçut cet éternel adieu, elle était déjà loin.

CHAPITRE III

Pendant les deux ou trois premières heures qui
suivirent son départ, Elzélina pleura ; elle devait bien
ces larmes au souvenir d'un mari dont le plus grand
tort fut d'être débonnaire jusqu'à l'aveuglement.

Mais, en descendant à Utrecht, elle se sentit subitement consolée. Elzélina était vêtue de ses habits
d'homme. On glosa beaucoup sur sa brusque arrivée,
et les soupçons allèrent si loin que la belle résolut de
repartir au plus vite. Elle prit cette détermination

après la visite d'un de ses oncles dont les vives remontrances et les reproches acérés ne servirent qu'à lui faire prendre la clé des champs.

D'Utrecht, la voilà qui passe à Menin. Dans quel but ? Pour y mettre son honneur à couvert... sous la protection de Moreau, bien persuadée que ce grand guerrier saurait défendre la vertu d'une aussi jolie femme.

A la vue d'Elzélina, Moreau laissa paraître une vive joie ; mais cette joie fit place à la plus douloureuse surprise, lorsqu'il apprit à la suite de quelles circonstances elle se trouvait à Menin.

« — Ah ! Madame, s'écria-t-il, qu'avez-vous fait ? Que je plains Van-M*** ! Il vous adorait ; il vous aime sans doute encore. Pardonnez à mes craintes, à mes inquiétudes : je ne sais comment vous les exprimer, mais j'aurais honte de penser qu'un de nos officiers ait pu vous entraîner à une si fatale imprudence.

— Général, répondit Elzélina, je suis venue *seule* implorer votre protection.

— Elle ne vous manquera pas, Madame ; mais je vous supplie de ne pas vous perdre entièrement. Écrivez à votre époux, Madame, écrivez-lui, je vous conjure. »

Après ces conseils, Moreau accepta toutes les raisons que lui donna celle qui se plaçait sous sa protection et ne chercha plus à opposer les raisons qui lui faisaient fuir le domicile conjugal.

« Le général Moreau, dit Elzélina, n'était pas galant par caractère; la femme qu'il aurait le plus aimée n'aurait pu en faire un petit maître. Mais c'était un ami sûr, dévoué à ceux qu'il aimait, et toujours prêt à donner de nouvelles preuves de son affection et de son dévouement. »

Il n'était pas galant! Qu'eût-il fait s'il l'eût été?

Plus loin, elle continue ainsi son portrait : « Avec les étrangers ou les gens qu'il voyait rarement, Moreau paraissait froid et réservé; dans l'intimité, il avait beaucoup de charme, et sa conversation décelait un esprit cultivé, mais dénué de toute prétention.

« Républicain par nature, et dans l'acception la plus rigoureuse de ce mot, il était simple dans son extérieur comme dans ses goûts; son désintéressement l'eût rendu digne des beaux siècles de Sparte et de Rome. Le mépris des chimères de la noblesse, le sang-froid dans le danger, le courage invincible dans le combat, la haine du pouvoir absolu, tels étaient les traits dominants de son caractère. »

Elzélina brûlait de se rendre à Paris. Un matin

qu'elle se proposait de demander à Moreau une lettre
de recommandation pour une personnalité de la capitale, le général lui annonça qu'il avait reçu l'ordre de
se rendre à Kehl, afin d'y prendre le commandement
de l'armée. Certes, le destin favorisait les projets
d'Elzélina qui, de nouveau, allait se trouver au
milieu des camps. Cette existence aventureuse et
semée de dangers était pleine de charmes pour elle :
le lendemain, en habits d'homme, bottée, cravatée de
noir, elle chevauchait aux côtés de Moreau, dont elle
allait partager les périls dans la campagne d'Outre-
Rhin.

Ce fut dans cette campagne, au travers d'une
noble poussière, que, pour la première fois, le général Ney lui apparut ; il passait à cheval à la tête
d'une colonne. Sa mine fière la frappa d'admiration,
et, plus tard, elle devait évoquer ces souvenirs
quand elle devint la maîtresse du *Brave des Braves*,
alors simple adjudant-général.

Enfin, Elzélina prit la route de Paris.

Son voyage fut très heureux. Aucun incident
fâcheux ne retarda son arrivée dans la capitale où
elle se vit confortablement installée par les soins de
Moreau.

Combien la vie des camps et l'habitude des vertus militaires avaient influé sur les goûts d'une jolie femme de dix-sept ans ! Tout occupée à dévorer une bibliothèque choisie, Elzélina dédaignait les promenades au Bois de Boulogne et même les visites chez les marchandes de modes.

Pouvait-elle, d'ailleurs, mettre trop de réserve dans ses sorties, depuis la mauvaise tournure qu'avait failli prendre une innocente aventure ?

Passant en voiture sur le pont Louis XVI, elle aperçoit un fort joli jeune homme de son pays. Il semblait naturel de le prier de monter, et de faire descendre la femme de chambre, afin de pouvoir causer plus librement. Mais le jeune homme était fort beau, la soubrette fort méchante. On devine déjà la nature des insinuations qui circulèrent, dès le lendemain, dans tout le quartier. Elzélina résolut, par pudeur, de mener une vie solitaire.

Son unique délassement, après les graves lectures et les méditations qui en résultaient, consistait à passer quelques heures au Théâtre-Français. Ce plaisir n'était cependant pas sans danger. Talma ne paraissait pas sur la scène sans produire sur elle une impression fatale, non pour son cœur, mais pour sa raison. Rentrée chez elle, seule dans son boudoir, elle ne cessait de relire les tragédies où il avait joué ; et, bien plus, de jouer elle-même le rôle des belles princesses qui se trouvaient en scène avec lui.

*
* *

Moreau revient subitement de l'armée : il arrive mécontent, triste et découragé. Vainement a-t-il espéré donner une preuve éclatante de civisme en dénonçant Pichegru ; le Directoire trouve qu'il a dénoncé trop tard son frère d'armes, son ami. Il n'ose pourtant destituer Moreau et se contente de le rappeler. Il se rendit sur-le-champ à Paris. Accueilli très froidement, il accepta d'un front calme cette injuste disgrâce et se retira à Chaillot.

Lorsqu'on éprouve le besoin d'être toujours ensemble, il est permis de trouver qu'il y a bien loin de Chaillot à Paris. D'autre part, la réflexion fait sentir que la curiosité qui s'attache aux pas d'une beauté aussi éblouissante ne tardera pas à troubler le calme que le général s'était promis dans sa retraite. Il ne peut donc la partager avec Elzélina ; mais il y

a un moyen de tout concilier : Elzélina est bientôt
installée dans une habitation charmante à Passy.

C'était là que Moreau se flattait de devoir à l'amour
l'oubli des orages de la politique.

Une lettre de Mme Van-Aylde-Jonghe à sa fille vint
troubler momentanément le repos d'Elzélina.

Dans la première partie de cette lettre, elle annonçait à sa fille qu'elle était à peu près ruinée.

Le reste de cette fatale missive n'était guère plus
gai. Le mari délaissé, le grand patriote Van-M***,
s'était mêlé si activement des affaires publiques, qu'il
avait totalement négligé les siennes. Forcé de s'expa-
trier au plus vite, il n'avait pas eu le temps de
détruire ses papiers, et dans le nombre s'était trouvée
l'édifiante épître où Elzélina lui faisait l'aveu de ses
fautes. La famille avait mis la main sur ce papier
révélateur et s'en faisait une arme contre l'épouse
trop sincère. Que voulez-vous? Les dames ont toujours tort de s'abandonner aux confessions écrites.

Moreau restait donc le seul soutien et ami d'Elzélina. Il cherchait à la distraire de son mieux et la
conduisait souvent au théâtre.

Un soir qu'elle revenait du Français où elle avait
vu jouer *Le Prisonnier*[1], sa voiture est violemment

1. Pièce d'Alexandre Duval, dont le principal interprète fut
Elleviou.

secouée. Une simple rencontre. Dans l'autre voiture, que le choc avait brisée, se trouvait Mme Tallien. De ce jour, des relations amicales s'établirent entre les deux femmes. Moreau, paraît-il, n'en fut que médiocrement satisfait.

« — Songez-y, disait-il à sa compagne ; vous serez entraînée, malgré vous, dans ces salons du Luxembourg, peuplés de mes ennemis ; et votre belle amie, malgré elle aussi, deviendra l'instrument dont on se servira pour m'attirer sur vos pas dans quelque piège. Si cependant vous tenez tant à la voir, du moins ne voyez qu'elle. »

Elzélina profita de la permission avec toute la chaleur première des amitiés féminines ; quinze jours après, les deux belles étaient brouillées.

*
* *

Moreau ne souffrait qu'avec impatience l'oisiveté à laquelle il était condamné par le Directoire, et que rendait encore plus insupportable l'espionnage dont il se sentait l'objet.

Le moment approchait pourtant où ses talents militaires seraient de nouveau nécessaires. L'année

1799 s'ouvrit en Italie d'une manière désastreuse et
Moreau prévit les revers qui devaient accabler
l'armée. Enfin, il reçut le titre d'inspecteur général.

Moreau n'hésita pas à sacrifier les intérêts de son
amour-propre, et il accepta cet emploi secondaire
sans se douter que cet acte de modestie tournerait
bientôt à sa gloire.

Le nouvel inspecteur des armées d'Italie ne se
serait séparé qu'avec peine de sa jolie compagne. Il
fut donc convenu qu'Elzélina partirait avec lui, et le
lendemain, au soleil levant, ils montèrent en voiture.

« L'entretien ne languissait jamais avec Moreau,
dit Elzélina. Il avait un talent particulier pour
deviner et peindre les caractères. Il possédait, en
outre, l'art de raconter; sa mémoire était riche d'anecdotes, et sa conversation très variée.

« Nous voyagions avec une grande rapidité, mais
pas encore assez vite au gré de mon impatience. Tous
ces souvenirs d'enfance qui attachent au sol de la
patrie se réveillaient dans mon âme avec une force
toute nouvelle. L'idée de revoir ce beau ciel de l'Italie,
de respirer l'air de ma patrie, d'entendre ces chants
harmonieux qui avaient bercé mon enfance, et de parler encore cette langue que j'avais bégayée vingt
années plus tôt, tout cela faisait battre mon cœur et

me causait des tressaillements de joie.Mais à ces souvenirs délicieux s'en mêlaient d'autres bien amers, lorsque nous commençâmes à gravir à pied la route bordée d'affreux précipices du Mont-Saint-Jean. Dix ans plus tôt, j'avais passé dans ces mêmes lieux, bravé les mêmes fatigues et les mêmes dangers, sous la protection de mon père et de ma mère, alors fiers de leur fille, et qui fondaient sur moi tout l'espoir de leur bonheur à venir. Le contraste de ces deux positions, si différentes pour moi, me causait une tristesse profonde et que je cherchais en vain à dissiper. »

Arrivés à Milan, au milieu de la nuit, Elzélina et Moreau passèrent deux jours à l'hôtel dans le plus strict incognito. Après quoi, le logement de l'inspecteur général ayant été désigné, ils allèrent occuper la casa Faguani, via San-Pietro. Ce palais appartenait à la comtesse Faguani. Cette dame s'était retirée à la campagne, laissant à son majordome le soin de recevoir les voyageurs.

Dès le soir de leur installation, Moreau dit à Elzélina :

« — Ma chère amie, vous saurez que j'ai songé à vous assurer dans ce pays une existence convenable et la considération qui doit vous accompagner partout. Je vous préviens donc qu'à dater de ce jour, vous

êtes, pour tout le monde, Mme Moreau. Voulez-vous
bien ce nom ? »

Stupéfaite, Elzélina hésitait à répondre ; il lui semblait qu'en prenant le nom de Moreau, elle allait renoncer une seconde fois à celui qu'une union légitime lui
avait donné le droit de porter; elle craignait enfin de
faire aussi publiquement outrage à cet infortuné mari
qu'elle avait déjà si cruellement affligé. Le général, non
moins surpris de son silence, attendait une réponse : elle
se jette dans ses bras en pleurant. Il devina ses scru-
pules, et parvint, non sans peine, à en triompher.

Dès le lendemain, ils reçurent la visite des autorités.

Elzélina recevait de nombreux hommages comme
épouse du général Moreau. Les invitations pleuvaient
de tous côtés, et *Mme Moreau*, qui en avait tous les
honneurs, ne sut bientôt que faire d'un nombre infini
de sonnets dont certains lui arrivèrent imprimés en
lettres d'or sur du satin. Bientôt, elle se lança à corps
perdu dans les fêtes et les réceptions. Trente
ouvrières travaillaient pour elle seule. Les dames de
Milan enviaient le bonheur, l'élégance et les parures
d'Elzélina qui se faisait de la sorte une foule d'ennemies. Cependant, au milieu des fêtes, dans le tour-
billon des plaisirs, elle était tourmentée d'un mal
inconnu d'elle jusqu'alors : l'ennui !

« Au milieu de toutes les jouissances que peuvent
donner le luxe et l'orgueil, constate Elzélina, je
me sentais atteinte par une langueur que rien ne
pouvait dissiper. Sans cesse distraite, au milieu de
nombreux convives qui venaient s'asseoir à notre
table, je regrettais mon cher Passy et le beurre et les
œufs frais du Rendez-vous de la Muette ou du kiosque
de l'Ermitage. Ma seule occupation était maintenant
de me parer. Car mes négligés même étaient de
magnifiques parures. Il fallait, pour ainsi dire, être
toujours en scène. Il fallait sourire aux plus fades
compliments, accueillir avec un visage aimable les
personnes souvent les plus insupportables. »

Être toujours en scène ne plaisait qu'à demi à
Moreau qui, plus qu'Elzélina, se lassait très rapidement de cette existence, oisive à son point de vue.
Il restreignit le cercle de ses connaissances et ne
reçut plus qu'un petit nombre d'amis.

Parmi ces derniers se trouvait M. Solié, fournisseur des armées, sorte de gens pour lesquels le
général ne professait qu'une médiocre estime.

« Si mon propre frère, disait-il un jour, se faisait
fournisseur, je cesserai de l'estimer. »

Solié, d'un caractère gai et expansif, plaisait à
Elzélina , qui lui montrait quelque reconnaissance

d'égayer ses petits comités. Le fournisseur se méprit
sur la nature de ces sentiments et imagina d'offrir à
Elzélina une superbe parure, tout en la priant d'in-
tervenir en sa faveur, auprès de Moreau, pour obtenir
une fourniture qu'il sollicitait. Non seulement Elzélina
n'accepta pas le présent, mais elle intercéda auprès
de Moreau qui, sur son désir, refusa la fourniture à
Solié.

Elzélina comptait un ennemi de plus.

Ce n'était d'ailleurs pas le seul à Milan, où tous
les amoureux rebutés essayaient en vain d'influencer
Moreau et de le prévenir contre Elzélina qui, préten-
daient-ils, cédait parfois à des sollicitations d'argent.

« — Vous savez combien j'ai à me plaindre d'elle,
répondait Moreau. Mais ne cherchez pas à me persua-
der qu'elle vendît jamais le crédit qu'elle avait sur
moi... Je connais son désintéressement. Personne
mieux que moi n'a pu en acquérir la preuve... »

A Milan, comme dans toute l'Italie, à cette
époque, quelques dames s'obstinaient dans une
farouche vertu ; d'autres, et celles-ci étaient en plus
grand nombre, étaient faibles devant nos magnifiques
officiers.

Elzélina ne manque pas de nous le faire remarquer dans une petite aventure où elle met en scène

César Berthier, le frère du général Alexandre Berthier, le futur prince de Wagram et Mme Lambertini.

Qu'était cette dame? Une des plus belles femmes
de l'Italie, nous dit Elzélina. Tels étaient ses
titres. Ils nous paraissent, en effet, suffisants pour
que le don Juan César Berthier s'éprît d'elle...
pour être repoussé, ce dont il disait ne jamais se
consoler.

Mme Lambertini vengeait ainsi ses compatriotes
qui avaient eu à souffrir et gémissaient de l'inconstance de ce « gentil et infidèle vainqueur ».

L'une d'elle, la jolie Gaétana, ne sut pas oublier
l'inconstant : elle mourut de consomption et d'amour
quelque temps après le départ de César Berthier.

Moreau avait contre les dames italiennes les plus
fortes préventions, préventions qu'Elzélina partageait
entièrement. Son jugement sur ces dames est curieux
à citer :

« A quelques exceptions près, les femmes en Italie
sont fort mal élevées. La partie morale de leur
éducation est surtout fort négligée. On leur donne
quelques talents d'agrément. Dès l'enfance, elles
contractent des habitudes de mollesse. Des bains
journaliers, les soins de leur coiffure ou de leur
toilette absorbent les trois quarts de leur vie. Elles

dorment une grande partie du jour, et, le soir, elles
courent au bal et à l'Opéra pour y faire admirer
leurs charmes et leur parure. Du sein des plaisirs
mondains, elles courent au confessionnal, d'où elles
volent à de nouveaux plaisirs. Il en est bien peu qui
connaissent la vraie religion, celle du cœur. Presque
toutes font consister la piété dans la scrupuleuse
observation des pratiques extérieures. Rien de plus
étrange que leur capitulation de conscience et leur
facilité pour allier les pratiques religieuses avec les
exigences de l'amour. C'est surtout lors de mon
second voyage en Italie que j'ai pu mieux juger la
scandaleuse indulgence des confesseurs pour leurs
pénitentes dans toutes les matières qui touchent à la
galanterie. L'abondance des aumônes que je répan-
dais pour les pauvres, celle de mes dons toujours
abondants, quand il s'agissait de répondre aux quêtes
pour l'ornement des chapelles ; enfin, le double
napoléon dont je ne manquais jamais de payer la
bénédiction de notre maison, me faisaient considérer
comme une bonne catholique, qui s'efforçait d'expier
ses péchés par l'œuvre la plus méritoire aux yeux de
Dieu : par la charité. »

Moreau, cependant, n'était pas satisfait. Les
dépêches arrivaient du Directoire, de plus en plus

violentes, lui donnant des ordres qui ne plaisaient
nullement au général, le sommant de faire bon accueil
à tel ou tel fournisseur, toutes choses défavorables à
notre armée.

« — Les misérables !... disait Moreau. Au sein de
leur opulence acquise aux dépens de l'État, ils sacri-
fient les besoins du soldat qui meurt pour le pays...
Et cependant ils osent blâmer ma sévérité envers les
fournisseurs ! »

Étrange renversement des rôles !... Moreau
n'était plus maître de ses actions. Subordonné à des
ordres iniques, le soldat se révoltait et écrasait de
son mépris les honteuses manœuvres faites pour le
prendre en défaut.

En effet, deux espions envoyés pour surveiller ses
actes, s'étaient introduits dans l'intimité d'Elzélina.
Quelle fut la surprise et l'indignation de cette dernière, quand, un beau jour, un de ces espions lui
demanda, à prix d'or, une lettre écrite de sa main,
lettre affirmant que, pendant toute la campagne de
Hollande, Moreau avait été de connivence avec
Pichegru pour trahir son pays !..

Nul besoin de commentaires. Moreau avait des
ennemis cachés qui ne reculaient devant aucun moyen
pour le faire tomber. Qu'importait le but! Les faits

étaient là. Fort de sa conscience et satisfait du devoir
accompli, Moreau opposait un profond dédain aux
tentatives répétées des espions du Directoire. Il
devait en triompher.

A un dîner que donnait le comte d'Orosco, ambassadeur d'Espagne, Elzélina s'amusa fort aux dépens
de la femme de l'ambassadeur, la comtesse d'Orosco.

Cette dernière, fort laide, et en conséquence très
jalouse de toute jeune et jolie dame, se piquait de
prétentions littéraires, et son incommensurable
orgueil ne voulut pas admettre que toute autre
personne pût arriver à sa cheville. Elle le fit sentir
à Elzélina. Notre héroïne admettait volontiers que
l'on discutât sa beauté, mais son esprit... jamais !
Elle devait se venger cruellement de l'ambassadrice.
Comment? Mon Dieu! mes lectrices l'ont sans doute
deviné. La comtesse d'Orosco avait pour *ami* intime
le général Lebel, qui, ce soir-là, fut placé aux côtés
d'Elzélina. La conversation ne languit pas pendant
le dîner, et, quand il fut terminé, les regards furieux
de la comtesse d'Orosco n'empêchèrent nullement le
général Lebel de suivre Elzélina dans d'autres salles
et... d'en être d'ailleurs pour ses frais. Mais Elzélina
était vengée.

Moreau n'approuva pas cette conduite, il importait
peu d'ailleurs à la jeune *Mme Moreau*, qui était on ne
peut plus satisfaite du bon tour joué à son hôtesse.

Ce fut là, on en conviendra, une petite vengeance bien féminine.

. . . .

Moreau possédait au plus haut degré la sévère vertu
des mœurs républicaines. La délicatesse de ses
sentiments était extrême. Cette délicatesse eût certainement réprouvé le lien illégitime qui l'unissait à
Elzélina, si, dès longtemps, il n'avait eu la ferme
intention de l'épouser.

« Je n'ai point aimé d'amour ce général, dit
Elzélina. Le sentiment qu'il m'inspirait ressemblait
plutôt au respect. Près de lui je n'avais que le pressentiment de cet amour exalté qui devait occuper la
maturité et remplir la fin de ma vie.

« Lorsque Moreau me rencontra pour la première
fois, ma conduite me rendait encore digne de l'estime
publique. J'étais environnée des hommages qui
s'adressaient à ma beauté, que bien des gens van-
taient alors comme parfaite. J'appartenais au monde,
à la société. Lorsque, plus tard, j'implorai l'appui de
Moreau, j'étais encore si près du moment où j'avais
droit à sa considération, que son amour pour moi

dut toujours avoir quelque chose de respectueux. Je
comptais à peine seize ans lorsque je m'attachai à lui.
L'inexpérience même de cet âge m'eût assuré, en
toutes circonstances, des droits à l'indulgence d'une
âme aussi honnête que la sienne. Je voyais en lu
plutôt mon protecteur que mon amant. »

Cependant l'armée française, commandée par
l'inhabile Schérer, éprouvait chaque jour de nouveaux
revers. Chaque jour également arrivaient des dépêches
de Paris. Moreau devint de plus en plus sombre et
taciturne : une dépêche lui donnait l'ordre d'éloigner
immédiatement toutes les femmes de l'armée.

Elzélina ne connut pas cet ordre sans protester de
sa résolution bien ferme de ne point quitter l'Italie,
sa terre natale, si ce n'était pour retourner en
Hollande. Dans ce dernier cas, elle se séparerait à
tout jamais de Moreau.

« — Je sens, lui dit le général, ce que ma position
a de douteux. Dans l'état des choses, je ne puis me
considérer comme étant véritablement en activité.
Je puis donc, sans manquer à l'honneur, donner dès
demain ma démission. Alors, nous partirons ensemble, et je ne vous quitterai plus.

— Moreau ! Croyez-vous que je voudrais encore

vous consacrer ma vie, si vous cessiez jamais d'être vous-même ? Je partirai seule : voilà ma réponse. »

Avant son départ, Elzélina fit de nombreuses visites à ses amies et ses adieux à tous les officiers réunis par Moreau.

« — J'espère », avait dit ce dernier, « que je ne donnerai pas inutilement l'exemple. S'il en était autrement, je me verrais réduit à l'exécution rigoureuse de mes ordres et à faire partir toutes les dames par étapes, avant deux fois vingt-quatre heures. »

Chacun s'inclina devant ces justes paroles, puis entourant Elzélina, ses anciens convives lui exprimèrent tous leurs regrets, alors que d'autres la félicitaient du bonheur qu'elle allait goûter en revoyant Paris.

Elzélina s'échappa à ces démonstrations et hâta ses préparatifs.

Moreau lui remit une lettre pour son banquier de Paris, tout en lui recommandant de s'arrêter à Lyon, à tel hôtel qu'il lui désigna.

La séparation fut pénible. Elzélina ne devait pas retrouver en France ce bonheur qu'elle avait goûté en Italie. Moreau l'aimait passionnément ; il était plus touché encore de cette brusque séparation, mais

en son âme loyale dominait le sentiment du devoir et
de la discipline.

L'amour qu'il avait pour sa maîtresse le soutenait
dans sa douleur : il devait être promptement désillu-
sionné ; nous allons retrouver Elzélina, futile et
oublieuse comme l'on est à cet âge se séparer prompt-
tement du général dans de pénibles circonstances.

Elzélina quitta Milan le 26 avril 1799.

CHAPITRE IV

Voici Elzélina de retour en France. A cette époque
commence pour elle une vie toute nouvelle; les aventures guerrières ne la tentent plus : elle devient une
courtisane.

*
* *

Lyon, ville calme, où notre héroïne espérait se
reposer de ses nombreuses fatigues. Il devait cepen-

dant en être autrement, du moins elle nous le dit
elle-même dans ses *Mémoires*.

Un être mystérieux, presque fantastique, un mauvais génie, domine Elzélina et la suit partout. Si ce
personnage n'est point imaginaire, il nous est toutefois présenté sous un aspect absolument différent de
ce qu'il pouvait être :

« Il faut bien se résoudre, dit Sevelinges [1], à
ne jamais entendre désigner que par les deux initiales
D. L., cet être mystérieux qui, semblable au Méphi-
stophélès de *Faust*, va s'attacher aux pas de notre
infortunée contemporaine, pour la pousser dans la voie
de la perdition. Si, d'après le pacte que ce mauvais
génie lui a fait signer, elle ne peut tracer son nom en
toutes lettres, il lui reste au moins la faculté de
crayonner son portrait, et elle le stigmatise de manière à le faire reconnaître à cent pas de distance. La
laideur est épanchée sur sa face, la fourberie et la cupi-
dité habitent dans son cœur. La trop confiante Elzélina aurait dû trembler et fuir à l'approche de cet
esprit de ténèbres ; mais elle lui laissa pénétrer toute
la candeur de son caractère, et il eut l'art de lui déro-

1. Sevelinges. *Ouvr. cité.*

CH. CARRINGTON, ÉDITEUR.
Imp. Vaugirard - Paris

ber toute la perversité du sien. Aujourd'hui encore, lorsqu'elle se rappelle que, sourde à une voix intérieure qui lui criait de se méfier de ce D. L , elle se soumit à sa pernicieuse influence, n'est-elle pas excusable de croire à ces effets de fascination si accrédités chez les anciens et dans le moyen âge? »

*
* *

Elzélina avait donc quitté son pays natal.

Sur toute la route qu'elle avait eu à parcourir, le titre d'épouse du général Moreau lui avait valu des égards et un respect unanimes.

Elle descendit à Lyon, hôtel et place Bellecour. Le plus bel appartement avait été retenu pour Elzélina qui fut reçue par le payeur général de l'armée, Sivelli, et deux de ses amis qui l'attendaient depuis quelques jours. Moreau était depuis longtemps lié avec Sivelli, et l'avait averti de l'arrivée d'Elzélina. Celui-ci montra à la jeune femme la lettre que lui avait écrite le général. Moreau y exaltait singulièrement la beauté de sa maîtresse, les grâces de son esprit et tout ce qui constitue les charmes et les attraits d'une véritable enchanteresse.

Elzélina connaissait déjà Lyon qu'elle avait visité

avec Moreau lors de son départ pour l'Italie. Depuis
cette époque, on y avait beaucoup parlé d'elle; elle y
était devenue presque populaire. Quelques personnes
qui l'avaient connue en Hollande, avaient donné des
détails sur sa naissance, son existence passée, et ces
récits avaient piqué au vif la curiosité des gens haut
placés. Cette curiosité, peut-être un peu maligne
d'abord, devint bientôt bienveillante.

Elzélina se trouvait depuis dix jours à Lyon, lorsqu'elle reçut de Moreau une lettre lui annonçant l'heureuse tournure que prenaient les affaires depuis qu'il
commandait en chef.

L'armée française en Italie ne pouvait être, en effet,
mieux commandée que par le général Moreau qui,
après en avoir rassemblé les débris épars un peu partout, coordonna les diverses fractions, y introduisit
la cohésion qui fait la force des armes, et avec vingt-
cinq mille hommes dont elle était composée tint tête
à une armée ennemie quatre fois supérieure en nombre;
sa lente retraite par le Milanais et le Piémont fut plus
qu'une victoire. Il jeta des garnisons dans toutes les
places fortes, battit l'ennemi plusieurs fois, rendit
inutile, par ses marches et contre-marches savantes,
l'immense supériorité numérique de l'adversaire.
Enfin il concentra ses troupes dans le voisinage de

Gênes, attendit l'arrivée de Macdonald venant de Naples, et assura bientôt après sa jonction avec ce général le succès des troupes qui venaient de faire la longue, pénible et périlleuse retraite de Naples. En thermidor an VII Moreau remit sans murmurer le commandement de l'armée sauvée par ses soins au général Joubert, le héros de l'Adige.

Moreau prit ensuite part à la bataille de Novi, où Joubert fut tué dès les premières charges [1]. Il s'y battit comme un soldat, eut trois chevaux tués sous lui sans enlever son cigare de sa bouche et fit des prodiges pour retarder une défaite qu'il avait prédite. Investi par l'universelle acclamation des officiers et des soldats, du périlleux honneur de commander une armée battue, il la fit de nouveau respecter par l'ennemi qui n'osa pas la poursuivre. Il reprit ses fortes positions dans l'État de Gênes et prépara les succès du général appelé à lui succéder. Plus tard, en effet, sur un nouvel ordre du Directoire, il remit sans murmurer — comme toujours — au général Championnet cette armée qu'il venait de sauver une seconde fois,

1. Joubert fut tué le jour même où il fut nommé *Premier Consul* par le Directoire. Quelques historiens affirment que, jaloux de Joubert et ambitionnant pour lui-même la suprême fonction dont le héros venait d'être investi, Bonaparte aurait soudoyé des assassins.

obéissant avec une docilité d'enfant aux caprices du gouvernement. C'est dans ces conditions que Moreau revenait à Paris lorsque survinrent les incidents qui amenèrent sa rupture avec Elzélina.

Mais n'anticipons pas sur les événements.

. . . .

Pendant son séjour à Lyon, Elzélina fut invitée à un grand dîner offert par un riche négociant, lequel joignait à ses aimables qualités une profonde admiration pour la valeur de Moreau.

Ce fut chez lui qu'elle rencontra, pour la première fois, M. de Parny, proche parent de l'immortel auteur de « La Guerre des Dieux ».

M. de Parny épousa par la suite Mlle Contat, actrice de grand talent, qui, à cette époque, soulevait les applaudissements frénétiques du public lyonnais. Elzélina désirait vivement la connaître et s'en ouvrit à M. de Parny lui-même.

« — Dans quels rôles l'avez-vous vu jouer ? » lui demanda-t-il.

« — Dans presque tous ceux qu'elle joue », répondit Elzélina, « et toujours, je l'ai trouvée éblouissante.

— Voilà un éloge que je transmettrais volontiers à ma femme, si je ne craignais d'en atténuer l'accent plein de conviction.

— Eh bien, Monsieur, je vous aurais mille obli-
gations, si vous vouliez bien me mettre à même
d'exprimer à Mme de Parny toute l'admiration qu'elle
m'inspire.

— C'est un honneur que j'allais vous demander
pour mon amie, » répondit-il d'un air de visible
satisfaction.

Bien que résolue à mettre de côté l'étiquette insé-
parable du rang qu'elle tenait alors dans le monde,
Elzélina avait conservé son air hautain.

La courtisane restait encore grande dame.

Le lendemain, elle arrivait chez Mlle Contat. A
peine le valet introducteur eut-il signalé l'arrivée
de la *Générale Moreau*, que tout fut en mouvement dans l'hôtel. Chacune des personnes pré-
sentes accourait sur son passage et afin de se sous-
traire aux nombreuses marques de sympathie dont
elle était l'objet et dont au fond elle était fière,
Elzélina dut rentrer précipitamment dans le salon où
l'attendait Mlle Contat.

Elzélina, qui n'avait jamais vu d'actrice hors de la
scène, partageait la sotte prévention de tant de
femmes qui, à cette époque croyaient de bonne foi,
— peut-être avec quelque pointe de jalousie — que
l'éclat des lumières, le fard et la toilette sont les seuls

artisans de la beauté scénique, comme l'esprit de leur
rôles fait seul la grâce et l'élégance de leurs manières.

« La vue de Mlle Contat, écrit Elzélina, son
langage, ses façons si distinguées, me désabusèrent
entièrement. Il était impossible de trouver une femme
plus fraîche et plus jolie, possédant mieux ce ton de
bonne société qui faisait de son jeu sur la scène la
continuation des habitudes de sa vie. »

Mlle Contat était alors âgée d'environ trente ans.
Des yeux bleus, une bouche rose et des dents superbes,
souvent découvertes par un sourire gracieux. Son
visage, d'un galbe parfait, était couronné par une
abondante chevelure, blonde et soyeuse. Un nez
mignon, légèrement retroussé, achevait de donner du
piquant à sa figure ravissante. Sa démarche, ses
gestes, le timbre de sa voix, tout dans Mlle Contat
évoquait une image de fraîcheur et d'amabilité.

Parmi les triomphes artistiques de cette actrice,
un des plus retentissants fut le rôle de Suzanne, du
Mariage de Figaro, qu'elle joua en 1784. Elle y
apporta tout ce que la jeunesse la plus fraîche, la
beauté la plus capiteuse peuvent prêter de charme
au jeu le plus parfait. Mlle Contat ajoutait à ce rôle,
déjà si séduisant, une tournure dont Beaumarchais lui-
même se déclare surpris. Jamais musique n'a prêté à la

parole une expression pareille à celle que recevaient,
en passant par la bouche de sa jolie interprète, les
saillies de l'écrivain de génie qui fut Beaumarchais.

Elzélina ne manqua pas d'aller applaudir Mlle Contat toutes les fois qu'il lui fut possible d'échapper
aux soirées mondaines.

Son séjour à Lyon se termina par une partie
équestre, où, revêtue d'habits d'homme, elle étonna
la foule de ses admirateurs par ses talents d'écuyère.
Sautant hardiment en selle sur un cheval fougueux,
dangereux, elle mania son coursier avec une telle
sûreté de main, qu'elle courba rapidement sous sa
volonté l'animal indomptable, aux applaudissements
de tous.

Le 23 juin 1799, elle quittait Lyon.

*
* *

Après un court voyage, Elzélina arriva à Chaillot.
Tout se trouvait prêt dans cette résidence de Moreau
et, quoique accablée de fatigue, Elzélina voulut visiter les nombreuses pièces et l'ameublement de la
maison du général, car chacun de ces objets familiers
réveillait en son esprit le souvenir d'une époque vécue

— 65 —

entre la gloire d'un homme à jamais illustre et l'amour
dont son cœur vide avait été empli.

À Lyon, elle avait appris que Ney était blessé et sa
pensée se reportait vers lui; elle rêvait un rêve qui,
plus tard, devait devenir une réalité.

« Je quittai la jolie chambre que je devais habiter,
écrit-elle, pour entrer dans le cabinet de Moreau.
Cette pièce était meublée de quelques tablettes chargées de livres. Les portraits de quelques généraux
célèbres en composaient tout l'ornement. Cette élégance, ce luxe dont j'étais entourée ne faisaient
naître dans mon âme que le sentiment des devoirs
de la reconnaissance envers Moreau.

« Assise dans le fauteuil de maroquin noir qu'occupait ordinairement Moreau, je m'abandonnai à l'enthousiasme qu'excitaient en moi mes souvenirs....
Des larmes s'échappèrent de mes yeux. Cependant je
sentais que je n'étais pas en règle avec ma conscience.

« L'un des plus grands agréments de mon habitation était une vue charmante. Le général avait fait
préparer pour mon appartement la portion de la maison qu'occupa Kléber avant son départ pour l'Égypte.
J'avais, au premier étage, une belle chambre à coucher, un salon spacieux et un élégant boudoir dont
les fenêtres dominaient Paris. Je m'arrêtai, dans la

chambre à coucher, devant la copie fort exacte d'un
de mes portraits en miniature, peint à l'époque de
mon mariage. C'était la première fois que cette copie
frappait mes regards. J'y étais représentée, comme
dans l'original, avec la couronne et le bouquet vir-
ginal. Le tableau portait la date précise de mon
mariage. Quel souvenir pour moi ! Mes regards
étaient fixés sur ce portrait. Ils s'en détachaient
quelquefois, mais c'était pour errer sur tous les objets
dont j'étais entourée, avec une expression qui semblait dire : « Où suis-je ? et qui suis-je ? »

« Soudain je saisis le portrait et je courus le
cacher au fond de mon secrétaire. Dans le tiroir secret
que j'ouvris pour y placer l'image qui éveillait en
moi de si cruels souvenirs, je trouvai un paquet de
lettres adressées de l'armée du Rhin par Kléber à
Moreau. Ces lettres étaient ouvertes. La première qui
s'offrit à mes yeux contenait presque à chaque ligne
le nom du général Ney, l'éloge de sa bravoure, les
présages les plus honorables sur ses destinées militaires... Je relus vingt fois cette lettre. Après l'avoir
soigneusement serrée, je descendis au jardin où j'er-
rai longtemps, livrée aux rêves fous de mon imagination vagabonde. »

Elzélina aimait le général Ney.

Elle s'était éprise, non peut-être de l'homme, mais
de sa réputation, de ses exploits, de sa bravoure.
Elle l'aimait comme on aime un héros, comme on
s'éprend d'un être supérieur, auréole de gloire. Cet
amour devait hâter sa rupture avec Moreau.

*
* *

Moreau était toujours en Italie. Il écrivit à Elzélina
une lettre pleine de tendresse et d'affection ; mais déjà
gagnée à un amour problématique, puisqu'il importait
qu'il fut partagé par l'homme qui en était l'objet, la
jeune femme ne sentit point battre son cœur à la
lecture de cette lettre de Moreau. Celui-ci lui rappelait, en effet, qu'il l'aimait et que son espoir le plus
vif était qu'elle devînt sa femme.

Au surplus, il lui annonçait que sa famille, à elle,
Elzélina, s'occupait d'une séparation définitive avec
son mari légitime. Ses parents avaient écrit directement à Moreau. Pleins d'estime pour son caractère,
ils confiaient à son honneur le soin de la replacer dans
la position sociale dont elle n'aurait jamais dû déchoir.
« Tu vois, ma chère Elzélina, lui écrivait Moreau,
que si la guerre m'épargne, nous aurons à faire
ensemble un voyage tout pacifique en Hollande. »

Mais les sentiments du cœur n'empêchaient pas
Moreau de s'occuper du bien-être matériel de celle
dont il voulait faire son épouse légitime. Tout d'abord,
il lui fit ouvrir un crédit illimité chez son banquier,
M. de la Rüe.

Des relations amicales s'établirent entre la famille
de ce dernier et *Mme Moreau*, relations qui devaient
bientôt nuire à l'imprudente Elzélina.

M. de la Rüe vint un jour prier la jeune femme de
s'entremettre entre lui et M. de Talleyrand pour le
compte duquel il faisait des opérations financières, au
sujet d'une affaire qui l'intéressait vivement.

« — Mais je ne connais pas M. de Talleyrand!
observa Elzélina.

— Soyez sûre, Madame, répliqua le banquier,
qu'avec le nom que vous portez, les portes du ministère vous seront ouvertes dès que vous en manifesterez
le désir... »

Heureuse de trouver une occasion de se rencontrer
avec un homme d'État déjà consacré par la brillante
renommée, Elzélina promit à M. de la Rüe de demander pour lui une audience à M. de Talleyrand. Sa
démarche réussit au gré de ses désirs. Plus tard, Elzélina devait avoir avec M. de Talleyrand d'autres entrevues d'une nature plus... intime.

En rentrant chez elle, Elzélina trouva une autre
lettre de Moreau dans laquelle, sur un ton badin et
plaisant, il lui demandait des nouvelles de sa grossesse.

Dès ce moment, *Mme Moreau* feignit de légères
indispositions afin de faire croire que bientôt elle
serait mère et, imprévoyante, sans ces pressentiments
intuitifs qui signalent l'approche d'un danger, elle se
lia davantage avec Mme de la Rüe.

Dans la correspondance qu'avait reçue Elzélina, se
trouvait une lettre qui venait de Manheim. Elle y
trouvait le récit d'un nouveau fait d'armes du général
Ney.

Sous les habits d'un paysan, il s'était introduit seul
dans Manheim pour se rendre compte des forces de
la garnison. Il se ménagea des intelligences dans la
place, et, cinq jours après, s'en rendit maître, entrant
dans cette forteresse, la nuit, avec cent cinquante
hommes déterminés à vaincre ou à mourir avec
lui.

Il y avait dans cette lettre un autre épisode d'un
genre tout différent : Ney venait de donner un noble
exemple de vertu antique. Une jeune et belle Allemande était venue réclamer la protection du général
pour la maison de son vieux père, mise au pillage.
Ney avait respecté cette jeune fille et l'avait renvoyée,

après lui avoir rendu justice. A ceux qui le raillaient, il répondit que son désir était d'être aimé volontairement sans jamais exiger par la violence l'amour que le cœur seul pouvait donner. Ce trait parut à Elzélina admirable et vraiment digne d'un héros.

Une pensée lui traversa l'esprit :

« Que du moins, se dit-elle, il sache combien *je l'estime*. » Et prenant une plume, elle écrivit la lettre suivante :

« J'obéis à mon cœur sans chercher de vaines excuses. Je ne sais pas l'art de déguiser mes sentiments. D'ailleurs il y a dans le fond de mon âme quelque chose qui me dit que si ma démarche blesse les convenances du vulgaire, elle plaira peut-être à la franchise de votre caractère... Une seule fois mes yeux vous ont rencontré et votre image s'est gravée dans mon cœur. Unie à vous par la pensée, j'ai frémi de tous vos périls, j'ai joui de tous vos triomphes et j'ai applaudi avec enthousiasme au récit de vos belles actions... Mon sort est brillant : quelques femmes le trouvent digne d'envie. Je renoncerai avec joie à tout cet éclat pour avoir le droit de m'associer à tous vos dangers... L'estime et la reconnaissance m'unissent au général Moreau. Vous en faire l'aveu

dans une lettre telle que celle-ci, n'est-ce pas courir le
risque de me rendre méprisable à vos yeux? Mais je
ne sais pas combattre le penchant irrésistible de mon
cœur. En vous avouant le sentiment qui trouble mon
repos, je n'ai point d'autre pensée que celle de vous
apprendre qu'il existe loin de vous une femme à qui
votre gloire n'est pas moins chère qu'à vous-même. »

En écrivant cette lettre, Elzélina était très émue.
Émotion naturelle, mais aussi funeste : le jour même
où son cœur l'entraînait à écrire à Ney, sa raison lui
commandait d'écrire aussi au général Moreau. Ses deux
lettres sont pliées, cachetées de même.... et voilà le
nom de Moreau qui tombe sur la lettre de Ney et le
nom de Ney sur celle de Moreau ! Le courrier emporte
les deux épitres, et, très satisfaite, l'auteur de ces mis-
sives vivait dans la plus douce attente. Des semaines,
des mois s'écoulent, point de réponse !

Comment son cœur ne lui révélait-il pas la fatale
méprise qui avait trahi son secret et détruit ses espérances? Ce ne fut que longtemps après, et de la
bouche même du général Ney, qu'elle apprit l'éton-
nement où l'avait jeté la lecture d'une lettre assez
froide, et dans laquelle se trouvaient les traces d'une
longue et paisible intimité. Que l'on se figure, d'un

autre côté, quelles durent être la surprise et la douleur du général Moreau, ayant sous les yeux la
preuve éclatante de la trahison d'une maîtresse à
laquelle il s'était donné tout entier!

Livrée à toute les suppositions propres à blesser
son cœur et à humilier sa fierté, flottant entre deux
hommes auxquels était attaché le destin de sa vie,
l'amante infidèle se crut délaissée par un de ses
amants et méprisée par celui auquel elle s'était offerte.

Un soir enfin, en rentrant à Chaillot, Elzélina
trouva une courte et froide lettre de Moreau, lui annonçant son retour. Ne comprenant rien à cette soudaine froideur, et bien loin de se douter de la funeste
inversion due simplement au hasard, Elzélina, se
croyant forte et sans reproche, répondit par une
épistole très impertinente qui devait aggraver sa situation compromise.

Dans son vif désir de maternité, elle eut le tort
d'écouter les perfides conseils d'une soubrette. La
grossesse douteuse dont elle se parait trop ostensiblement ne résista point à l'examen des personnes de
son entourage et M. de la Rüe crut qu'il était de son
devoir d'en avertir Moreau. Pour tenir son rôle jusqu'à la fin, Elzélina se servit d'une série de men-
songes qui, sans doute, répugnaient à sa fierté. Notre

h éroïne tombait bien bas et allait rouler au plus profond des abîmes de l'ignominie ; sa femme de
chambre trouva à Nanterre une jeune fille sur le point
d'être mère et qui consentit à céder son enfant
moyennant une forte somme d'argent. Au cours d'une
de ses longues promenades en voiture, Elzélina feignit une soudaine délivrance provoquée par une chute
et ramena à Chaillot le petit être qui venait de naître
à Nanterre.

Elle fit baptiser l'enfant, le déclara comme sien et
lui donna pour père le général Moreau.

C'est alors qu'intervint M. de la Rüe. Le troisième
jour qui suivit cette naissance, un avoué, accompagné
de deux personnes, se présenta à Chaillot de la part
du général Moreau.

Atterrée, Elzélina avoua tout ce qui s'était passé,
excipant toutefois que si cet enfant avait été présenté
comme celui du général Moreau, *c'était à son insu* et
malgré sa défense formelle. Puis elle signa sa déclaration, comprenant enfin que ce moment consacrait à
jamais une rupture définitive entre elle et Moreau.
« Plus tard, écrit Elzélina, le public et les amis de
Moreau, ignorant la véritable cause de notre rupture,
crurent en trouver la raison dans cette supposition
d'enfant. Ils se trompaient complètement. Moreau

cessa de m'aimer uniquement parce que j'en aimais un
autre. L'idée de le ramener ou de le tromper n'entra
pour rien dans le projet d'adoption qui devait me donner le droit et les titres de mère. Ayant renoncé, malgré les intentions formellement exprimées de Moreau,
au titre d'épouse qui m'eût assuré en même temps
que des droits légitimes une facile existence, je ne
voulais donc pas faire un instrument de fortune des
sentiments que j'inspirais au général. Si le récit de
ma faute me vaut par la franchise l'indulgence de ceux
ou de celles qui me liront, qu'ils ne perdent pas de
vue qu'après mon aveu loyal et ma confession entière,
qui furent mes premiers châtiments, ma punition fut
encore plus sévère. En quittant le général Moreau, je
brisai le dernier lien qui me conservait encore des
droits à la considération dans le monde et dans la société... Ces Mémoires, je l'ai dit, sont des Confessions... Vous qui me lisez, que mon triste exemple
vous serve de leçon. Ah! restez toujours fidèle à la
vérité. Fuyez le mensonge et la dissimulation... Leurs
fruits sont trop amers!... »

Après ce qui s'était passé, Elzélina ne pouvait plus
rester à Chaillot. Rassemblant vite ce qui lui appartenait, elle loua un appartement rue Taitbout et s'y
rendit hâtivement.

Sa nouvelle résidence ne pouvait être comparée à
la première, mais elle était chez elle, bien chez elle,
prête à courir de nouvelles aventures...

. . . .

Dès le lendemain matin, Elzélina se promenait en
peignoir dans son nouvel appartement. Soudain, prise
d'une folle gaieté, elle se met à déclamer, dans le
simple appareil d'une beauté qu'on vient d'arracher au
sommeil, une tirade d'une pièce quelconque apprise
depuis peu.

Était-ce le commencement de la démence? Non,
mais ce pouvait être le commencement d'une nouvelle
passion.

« — Que Madame serait donc belle sur le théâtre !
s'écrie sa femme de chambre qui entrait à l'instant. »

A quoi tiennent les résolutions !

L'idée la plus étrange germa dans l'esprit d'Elzélina, hantée par le souvenir de la Contat.

« Si je jouais la tragédie? »

Le sort en était jeté. Elzélina devait passer par la
scène.

De suite, elle écrit à Molé. Celui-ci, galamment,
la complimente, l'approuve dans sa décision et
trouve un plaisir infini à lui faire réciter divers
rôles.

La tête tournée par les encouragements directoraux,
Elzélina commence immédiatement ses études dramatiques. Le soir même, elle assistait à la représentation de *Macbeth*, pièce dans laquelle jouait
Talma.

Pendant le spectacle, Elzélina reçoit dans sa bai-
gnoire la visite de M. Le Couteulx de Canteleu, ancien membre et président du Conseil des Cinq-Cents,
qu'elle avait connue à Lyon.

M. de Canteleu aimait beaucoup Moreau qui l'avait
plusieurs fois reçu à Passy.

A quelques mots qui lui échappèrent, Elzélina
comprit que le président était au courant de sa rupture avec Moreau.

« — Vous avec donc quitté Chaillot, et Moreau ? » lui
demanda-t-il.

Et comme Elzélina ne répondait pas :

« — Oh ! que vous m'affligez, » continua-t-il. « Reve-
nez auprès d'un cœur si digne de vous comprendre.
Moreau qui ne peut aimer comme un autre saura
pardonner comme il aime. »

Ce langage attendrit Elzélina, sans toutefois la
convaincre.

Cependant Moreau était revenu à Paris. Elzélina
sentit un besoin irrésistible de le voir. La délicatesse

ne lui commandait-elle pas de lui rendre le pouvoir de disposer des fonds placés chez M. de la Rüe? L'honneur lui donna le courage de lui écrire à ce sujet.

Moreau se rendit à son invitation. Ce ne fut point une réconciliation. Elzélina, cependant, supplia Moreau de lui conserver ou plutôt de lui rendre un peu de son amitié.

« — Mon amitié, Elzélina ! ce sentiment vous suffit ; mais il ne paie pas l'amour, et je t'aime, toi qui en aimes un autre. »

Et montrant la lettre écrite à Ney :

« — Elzélina, dit-il, comment Ney a-t-il mérité cet excès de délire qui vous a fait oublier votre dignité de femme?

— Par rien. Il me connaît à peine et peut-être il ne m'aimera jamais.

— Écoutez-moi, » reprit Moreau, « c'est la dernière fois que je touche à ce sujet. Ney ne vous rendra pas heureuse. Je le connais, je l'admire. Mais dans ses qualités brillantes, dans cette âme élevée, mais ardente, il n'y a point le bonheur d'une femme. Le caprice bouillant qu'elle peut en attendre n'est pas l'amour durable qu'elle doit inspirer.

Soyez heureuse. Je ne vous verrai plus... Écoutez-

moi. Vous ne serez jamais pour moi une étrangère.
Le titre d'ami de votre famille me donne le droit de
veiller sur vous.

Avant votre départ votre sort sera assuré.

— Ne m'humiliez pas davantage, répondit Elzélina.
Déjà vous avez trop fait pour moi. Reprenez ces
preuves de votre généreuse confiance. »

Et Elzélina lui remit les pouvoirs si étendus qu'il
lui avait donnés. Moreau prit ces papiers et partit.

La rupture était définitive.

CHAPITRE V

Durant sa liaison avec Moreau, Elzélina avait
obtenu qu'il fît exécuter une statue d'elle. A cette
époque venait de se révéler le talent original du sculpteur Lemot. Son complaisant ciseau reproduisit les
traits d'Elzélina avec un caractère si noble et si élevé
que l'œuvre excita une admiration générale dans
l'atelier de l'artiste et au Louvre. Il la représenta
couchée sur un lit de repos, dans l'attitude que la
légende attribuait à Cléopâtre.

« Moreau, dit Elzélina, sévère sur la modestie des femmes, avait blâmé d'abord ce qu'il appelait mon impudique orgueil. Il affecta de dédaigner cette œuvre d'art. Mais parfois les hommes trouvent du mérite à ce qu'ils ont d'abord critiqué. Lorsque Moreau voulut posséder la statue contre laquelle il s'était si fort courroucé, il était trop tard. Je l'avais offerte au prince de Talleyrand. »

Il est, à propos de cette statue, une anecdote dont Elzélina ne parle pas dans ses mémoires.

Pendant une des séances du sculpteur, ce dernier eut à s'absenter, laissant son modèle reposer nue sur le divan où elle posait. Quelle ne fut pas la surprise d'Elzélina lorsqu'elle vit soudain surgir d'un placard un jeune homme qui se précipita tout féru d'amour dans ses bras. C'était M. de Parny. L'indignation de la jeune femme se calma sous les caresses et les protestations d'amour de l'audacieux et Ève suivit Adam, qui avait beaucoup à se faire pardonner...

*
* *

Cependant, le goût d'Elzélina pour la scène s'accentuait de jour en jour. Elle se rendit d'abord chez un maître de déclamation dont elle suivit scrupuleu-

— 82 —

CH. CARRINGTON, ÉDITEUR
Imp. A. Poncabeuf, Paris

sement les conseils. Puis, elle assista à de nombreuses
représentations où sa passion se donnait libre cours.
C'est à une de ces représentations qu'elle rencontra
Regnaud de Saint-Jean d'Angely qui devait, plus
tard, devenir un de ses meilleurs et de ses plus fidèles
amis.

Regnaud de Saint-Jean d'Angely fut dans la suite
comte et sénateur de l'Empire. Suspect au gouvernement de la Convention comme réactionnaire, il se
cacha jusqu'au 10 thermidor an II. Après la chute
de Robespierre, il crut pouvoir se montrer sans danger, alors que l'ordre de son arrestation n'avait pas
été rapporté. Il se rendit quelques jours après à
l'Opéra-Comique, en loge découverte, avec sa femme
dont la beauté attirait les regards. Gabriel Chénier, le
frère du poète, député comme Regnaud, mais d'opinion contraire, assistait également au spectacle. Il
reconnut son collègue et le prévint aussitôt :

« — La police a l'ordre de vous arrêter partout où
on vous trouvera.. Si vous restez un quart d'heure,
une minute de plus, vous risquez d'être reconnu par
un agent, comme vous l'avez été par moi... Et alors
vous êtes perdu ! Gardez-vous de rentrer chez vous...,
peut-être les gendarmes y sont-ils déjà ! Partez vite !
Cachez-vous ! »

Regnaud quitta aussitôt le théâtre. L'avis était
bon. Pendant qu'il s'attendrissait en écoutant l'opéra
de *Philippe et Georgette* où la situation est semblable
à la sienne, des estafiers mettaient les scellés chez
lui. Il se cacha de nouveau et ne sortit que lorsque sa
situation eut été régularisée.

« — Voilà, » disait-il à Elzélina, « ce qui m'est
arrivé ici-même. Et j'y pense toujours quand je viens
à l'Opéra-Comique. On ne guillotinait plus alors...
Mais il y avait la Guyane... Et la perspective d'un
voyage à Sinnamary n'avait rien pour me réjouir ! »

Regnaud allait souvent voir Elzélina. Il assistait à
ses leçons de déclamation et l'obligeait tant bien que
mal de ses conseils. Il n'ignorait pas les liaisons de
la jeune femme avec Moreau, ni son enthousiasme
pour Ney. Mais il avait de fortes préventions contre
le premier.

« — Jamais, » disait-il, « je n'ai contesté à Moreau
les talents d'un grand capitaine. Sa vraie place est au
commandement des armées, mais non point à la tête
du gouvernement.

— Mon Dieu ! répliquait Elzélina. Ne dirait-on pas
qu'il est si difficile de gouverner ?

— Ceci n'est qu'une boutade, ma chère, et n'est
point un raisonnement. Il faut plus que du courage

pour conduire un peuple qui sort d'une crise comme
celle de la Révolution, dont les accès, pour se
ralentir, ne sont point encore terminés.... »

Regnaud était fervent bonapartiste. Il avait suivi
le futur empereur en Égypte, et s'était attaché à lui,
d'abord par la pensée, plus tard par des faits. Elzélina
fit la connaissance de Mme Regnaud, dont elle fait les
plus grands éloges. A une beauté remarquable, elle
joignait un rare talent de musicienne. Elle avait
acquis une grande habitude de l'opéra en chantant
fréquemment avec Carat et les premiers artistes du
temps. Elle s'accompagnait elle-même au piano. La
malignité publique s'est exercée contre elle, bien à
tort, par un jeu de mot malveillant que ne justifiait
point sa conduite et dont son nom, Laura, fut le prétexte : « L'aura qui voudra ! » Elle eut, en cette
circonstance, le sort des femmes que leur beauté a,
de tout temps, exposées aux quolibets et aux mauvais
propos des gens jaloux.

. . . .

Survint le coup d'État du 18 brumaire. La France
trouvait un maître.

« Je n'avais encore aperçu Bonaparte qu'une seule
fois, dit Elzélina. Son extérieur, très grêle à cette
époque, m'avait paru si loin de l'idée que je me faisais

d’un héros, que cette première vue avait même laissé dans mon esprit une impression désagréable. La négligence avec laquelle il laissait tomber sur son visage ses cheveux naturellement plats, sa maigreur, le désordre presque habituel de ses vêtements, m’eussent inspiré pour tout autre un éloignement absolu. Mais le feu qui brillait dans ses yeux, la pénétration de ses regards commandaient l’attention et faisaient en ce jeune homme quelque chose d’extraordinaire. »

Tel est le portrait tracé par une femme de celui dont Kléber disait, en l’accompagnant en Égypte :

« Je veux savoir ce que ce petit homme a dans le ventre. »

Hélas ! le héros ne le sut pas. Il devait tomber traîtreusement sous les coups d’un fanatique[1], loin de son chef, qui venait de brusquement révéler son ambition en renversant le Directoire.

Moreau, dans ce changement de gouvernement, avait accepté un rôle secondaire. En haine du Directoire, il prêta son concours à Bonaparte, pour lequel,

[1]. Des historiens comme Cabet affirment que Kléber fut assassiné sur un ordre secret de Bonaparte, ainsi que l’avait été Joubert, comme le furent Desaix à Marengo, Pichegru en sa prison et le duc d’Enghien à Vincennes.

cependant, il n'éprouvait aucune affection. Il comprit, seulement après les événements, la faute qu'il avait commise. Et plus tard, le Premier Consul devait délaisser le général qui avait épousé Mlle Hulot, et plus encore cette dernière, à laquelle il fit sentir son dédain : Venue un jour aux Tuileries et n'ayant pu voir Bonaparte retenu au Conseil d'État, Mme Moreau se retira après une longue attente en s'écriant :

« — La femme du vainqueur de Hohenlinden n'est pas venue ici pour faire antichambre... Les Directeurs eussent été plus polis, et combien plus galants ! »

Ce fut la perte de Moreau.

. . . .

Elzélina continuait ses études dramatiques. En quittant Moreau, elle avait pris le nom d'*Ida Saint-Elme*, nom qui lui rappelait un souvenir de sa plus tendre enfance :

Un soir, en revenant d'une promenade à cheval dans les environs de Florence, son père rencontra un jeune homme qui venait de recevoir un coup de feu. C'était un Français, séminariste amoureux, du nom de Saint-Elme, qui avait formé le projet d'enlever l'objet de sa flamme et qui, forcé de gagner subrepticement l'Italie, avait failli être assassiné sur la route par son valet. On eut, pour le jeune homme, tous les

soins possibles dans la maison de M. Van-Aylde; et
sa fille se plaisait à lui servir de guide dans le parc,
à s'asseoir près de lui quand il se reposait en écoutant
avec ravissement tout ce qu'il lui disait de sa patrie
et de ses amours. Le pauvre blessé avait une figure
charmante, et un cœur fort sensible. Il mourut, et
son souvenir resta profondément gravé dans l'esprit
d'Elzélina. Lorsqu'il lui fallut prendre un autre nom,
celui de *Saint-Elme* se présenta naturellement à son
esprit.

C'est ainsi qu'elle quitta le nom respecté de sà
famille. Ce nom resta dès lors étranger aux événements de sa vie aventureuse et troublée.

Laissons raconter à Elzélina, ou plutôt à Ida Saint-
Elme — car désormais, nous l'appellerons ainsi —
ses débuts sur la scène :

« Enfin le jour de mon début fut fixé, et hâté
même, contre l'avis de Dugazon, malgré les conseils
de Monvel et de mon maître de déclamation. Les
flatteries maladroites de mes amis me firent, nouvelle faute, choisir le rôle de *Didon*, qui devait être
favorable à mes formes, parmi lesquelles on voulait
bien déclarer les jambes surtout, d'une perfection de
modèle.

« Mon costume fut dessiné par un artiste habile,

et exécuté avec la plus grande richesse. J'étais
ravie.

« Parmi les acteurs, la bienveillance était extrême
et les espérances très favorables ; toutefois, lorsque
mon début eut été irrévocablement décidé et par ordre
du ministre, M. Chaptal, je crus apercevoir je ne sais
quelle gêne, quelle froide politesse de la part des
artistes.

« Le tableau glacial de la répétition m'avait déjà
désenchantée. Le quart d'heure fatal approchait.

« J'entre. Une triple salve d'applaudissements
m'accueille, et, loin de m'encourager, m'interdit.

« C'en était fait ! J'avais, comme on dit vulgaire-
ment, perdu tous mes moyens... Je m'en aperçus
bien vite. Je débitai d'un ton monotone et sourd une
réponse à *Iarbe*, et l'effet parut plus triste encore par
le contraste de la déclamation ronflante de mon collègue. On voit que je me juge sans flatterie... La
scène me parut d'une longueur... Quoique *Énée* fut
un pauvre personnage, son interprète y mit tant de
sensibilité qu'il m'électrisa à mon tour et dans une
scène avec lui, j'obtins trois fois les honneurs d'un
applaudissement unanime. Une émotion succédait
ainsi à l'autre et mon cœur battait à rompre. J'avais
conscience de l'imprudence que j'avais commise en

débutant dans un pareil rôle. Des sifflets m'en aver-
tirent plus cruellement encore dans une scène avec
ma confidente... Enfin, mon supplice s'acheva. On
trouva que je mourais très bien, car je tombai réellement évanouie dans les bras de la pauvre *Élise*, qui
beaucoup moins robuste que *Didon*, eût péri sous le
faix, si la prompte chute du rideau ne nous eût
secouru toutes les deux. Transportée dans ma loge,
tout le monde s'empressa de me témoigner le plus
vif intérêt. »

Mauvais début?

C'était, en vérité, une cabale; mais Ida avoue elle-
même qu'elle avait mal joué. L'émotion, l'inattendu,
avaient seul compromis le succès, et Ida se résolut
de ne pas en appeler de cette première disgrâce.

*
* *

Moreau avait accepté du Premier Consul le commandement en chef de l'armée du Rhin. Ce fut une
glorieuse campagne. Avec sous ses ordres Ney,
Richepanse, Saint-Cyr, Lecourbe, Grouchy, Decaen,
le général en chef promenait victorieusement notre

drapeau à Engen, Mæsckirch, Biberach ; s'emparait
de Philipsbourg, Ulm, Ingolstadt, et couronnait ses
victoires, le 2 décembre 1800, par la victoire de Hohenlinden.

Moreau, quoique tenant Ney en haute estime, ne
pouvait s'empêcher de lui marquer une certaine hos-
tilité, dont Ida était la cause indirecte.

Quand il lui reprochait son trop grand dévouement
envers Bonaparte :

« — J'ai toujours servi la France que j'aime »,
répondait Ney. « Je l'ai servie sous la République,
sous le Directoire ; je la sers avec vous, général, et je
la servirai avec Bonaparte. C'est à mon pays que je
me dévoue, et non pas à l'homme qu'il choisit pour
le gouverner... »

Ida conçut le projet d'aller rejoindre Ney aux
armées, puis, changeant brusquement d'idée, elle
acceptait un engagement pour un théâtre de Marseille
et partait aussitôt. Elle passa par Lyon, descendit le
Rhône en bateau jusqu'à Avignon et arriva à Marseille. Durant son voyage sur le fleuve, une jeune
fille charmante tombe dans le Rhône ; le courant
l'entraîne ; mais plus rapide que lui, Ida s'élance
dans le flot, saisit l'infortunée, et la sauve. L'image
de Ney lui apparut en ce moment ; il lui souriait,

semblant lui murmurer : « C'est toi, ma belle amie,
qui es *la brave des braves !* »

Pendant son séjour à Marseille, Ida vit débarquer
d'Égypte le cercueil de plomb qui contenait les restes
mortels de l'immortel Kléber, assassiné le 14 juin
1800.

Son séjour à Marseille se prolongea jusqu'en 1803.
Entre temps, elle alla jouer à Draguignan et à Nice.

A Draguignan, il lui arriva un petit incident qu'elle
rappelle avec plaisir :

Elle était attablée en face d'un officier de gendar-
merie qui, tout en la fixant avec attention, racontait
avec enthousiasme la journée de Valmy.

« — Vous y étiez, Monsieur l'officier ? » demanda
Ida.

« — A dix pas de vous, Madame, lorsqu'on emporta
le brave Drouot du champ de bataille »

Et tout le monde de s'écrier :

« — Est-ce possible ! Vous y étiez donc, Madame,
vous vous battiez !

— J'ai vu Madame, » amplifia l'officier, « tendre
une gourde et donner son mouchoir à un sous-lieutenant ennemi blessé d'un coup de feu, qu'elle n'avait
pas l'air de craindre. Oui, Madame, c'est bien vous !
On n'oublie pas plus le courage que la beauté. »

Ida quitta Draguignan, où lui était parvenue la nouvelle de la mort de son mari, décédé à Surinam, à l'âge de trente et un ans, et se rendit à Aix où de nouveau elle s'engagea dans une troupe de comédiens. Puis, après quelques mois de repos en province, elle résolut de retourner en Hollande.

Elle vint d'abord à Paris réclamer à Moreau divers papiers de famille restés à Chaillot.

Ney n'était pas encore dans la capitale. Ida en profita et arriva sans accident à Delft où elle fit une pause, puis à Amsterdam. Réglant rapidement ses affaires, elle se disposait à rentrer à Paris, lorsqu'une nouvelle alarmante hâta son départ : c'était l'arrestation de Moreau comme conspirateur, avec deux acolytes : Pichegru et Georges, arrêtés, le premier le 7 février, le second le 9 mars. Moreau avait été arrêté dès le 25 janvier.

Pichegru se *suicida* dans sa prison. Moreau demanda et obtint l'autorisation de passer en Amérique. Quittant aussitôt le Temple, et après ses adieux à sa famille, il fut conduit jusqu'à Barcelone, et de là aux États-Unis.

Le résultat de la conspiration de Georges a été clairement défini par cette parole du conspirateur à la fin du procès :

« — Nous avons fait plus que nous ne voulions.
Nous venions donner un roi à la France. Nous lui
donnons un Empereur. »

*
* *

Le général Ney, de retour à Paris, avait écrit à
Ida Saint-Elme, lui annonçant sa visite.

« Que l'attente me parut longue ! dit Ida. Dès le
matin, je me promenais, je regardais au dehors, je
me mirais dans les glaces. Il me semblait que j'en-
tendais le bruit de la voiture.

« Tout à coup, un cabriolet roulant avec fracas
s'ouvre. Mon héros était devant moi...

« Si Ney eût été un homme ordinaire, on eût
presque trouvé sur son visage de la laideur. Mais
avec sa noble taille, avec son attitude et ce regard
qui était tout l'homme, en voyant tant de gloire, on
croyait voir la beauté. Quelques paroles avaient à
peine été échangées entre nous, et déjà tout embarras
avait disparu dans notre attitude.

« Trop franc, trop loyal pour hésiter devant un
devoir et un aveu, Ney ne me laissa point ignorer les
projets de Napoléon pour son union avec une jeune
et belle personne, amie d'Hortense.

— 94 —

« Après ses aveux pleins de franchise, j'aurais craint
de donner à Ney une opinion défavorable de mon
caractère en lui demandant de revenir. Mais il me
rendit bien heureuse en me disant qu'il était libre
encore et viendrait me voir de nouveau le lendemain. »

Ney arriva, le soir, à cette seconde entrevue.

« — Quels sont vos noms de baptême ? » demanda-t-il.

Et comme Ida hésitait :

« — Dites-m'en un que personne n'ait jamais su ?

— Que je sois Ida pour vous. Ce nom était cher à
mon père. »

Puis ils causèrent comme s'ils eussent été de vieux
amis. Ney fut à la fois aimable, bon, affectueux et
charmant, exprimant avec simplicité les sentiments
les plus nobles... Il raconta à Ida toute sa belle
carrière militaire : Engagé avant la Révolution, il était
rapidement monté en grade. Nommé lieutenant à l'ou-
verture de la campagne de 1792, il fut attaché, en
qualité d'aide-de-camp, à l'état-major des généraux
Lamarche et Collaud.

Sa belle conduite à la journée de Nerwinde, en
1793, et plus tard, en 1794, lui valut le grade de
capitaine dans le 4ᵉ régiment de hussards. Ensuite il

se signala encore sous les ordres de Kléber et fut nommé adjudant-général.

Enfin, il fut nommé général sur la proposition du représentant Merlin.

Et comme Ida le félicitait :

« — Pourquoi tant d'éloges ? » dit-il. « Je ne les mérite qu'à demi. Je suis soldat. Nous sommes tous braves. Seulement, entre tant de braves, j'ai été le plus heureux. La liberté m'a donné un sabre, la nature de l'activité et des forces. J'ai le cœur français : voilà tout le secret de ma destinée. »

Alors à son tour, Ida lui parla de sa vie présente et de ses projets :

« — Quel malheur que vous soyez sur les planches ! » s'exclama familièrement le général. « J'aimerais cent fois mieux vous voir cantinière !...

— Cantinière ! Mais j'y consentirais volontiers ! Ne serait-ce, d'ailleurs, que pour avoir le bonheur de vous voir souvent... »

Cependant, l'instant de la séparation approchait. Avant de quitter Ida, Ney lui offrit sa montre et sa chaîne d'or, priant la courtisane d'accepter ce présent en souvenir de lui.

« — Vous l'avez portée, » dit Ida, « votre nom y est gravé : je l'accepte avec bonheur. Hélas ! Pourquoi

faut-il que, maintenant, elle marque l'heure d'un
éternel adieu?... »

Cet adieu, que l'honneur commandait, auquel même
la délicatesse de la passion s'associait comme à un
sacrifice nécessaire, cet adieu, bien que prononcé en
toute sincérité, devait pourtant ne pas être éternel.

CHAPITRE VI

Nous avons parlé dans un précédent chapitre de Talleyrand. Ida Saint-Elme nous donne sur sa vie intime quelques anecdotes qui ne laissent pas d'être intéressantes. Elle avoue volontiers son admiration pour cet homme d'État avec qui, s'il faut l'en croire, elle ne faillit jamais. Néanmoins, à travers bien des lignes, il est aisé de soupçonner à l'actif d'Ida, sinon des amours, du moins des *passades !* Elles furent certainement intermittentes, les affaires et d'autres femmes absorbant le diplomate. Néanmoins elle eut longtemps porte ouverte au ministère des relations extérieures — comme on l'appelait alors — voire même par l'escalier dérobé, ainsi que dans les drames romantiques. Le jour devait venir cependant où trop vieille et trop compromettante, la courtisane se verrait impitoyablement fermer la porte par celui qui déclara à la publication des Mémoires d'Ida Saint-Elme « n'avoir jamais vu ni connu cette femme ». Feinte amnésie : Talleyrand donnait un démenti à son cœur pour sauvegarder sa dignité politique!

Une de ses anecdotes les plus intéressantes de ses relations avec le ministre est celle des papillotes :

Les cheveux d'Ida surtout excitaient l'admiration de Talleyrand qui, au cours d'agréables tête-à-tête, ne se lassait pas de les lisser, de les friser, de nouer et dénouer ces longues tresses blondes. « La main qui signait pour la France les traités de paix — dit Ida — voulut elle-même mettre fin à la mutine indignation que ce désordre de toilette m'avait causée et me traiter comme une puissance dont il fallait racheter l'amitié. »

M. de Talleyrand prenait souvent une à une les boucles flottantes et les roulait dans du papier qu'il tirait d'un tiroir. Un jour, Ida s'aperçut qu'il se ser-

vait de billets de mille francs en guise de papillotes :

« — Monseigneur, en voici encore une, » dit-elle
en présentant une mèche égarée !

*
* *

Bonaparte, nommé empereur héréditaire des Français sous le nom de Napoléon Ier et roi d'Italie,
quitta Paris le 1er avril 1804 avec l'Impératrice, pour
se rendre à Milan et s'y faire couronner.

Les fêtes promettaient d'être très brillantes. Le
parti d'Ida fut rapidement pris : elle se rendit également à Milan. Là, elle s'engagea sur une scène de
la ville, où, sous un costume antique, elle récita de
nombreux vers à la gloire de l'Empereur.

Après la première représentation, elle trouva, en
rentrant chez elle, un mot de Ducroc qui l'engageait
d'aller sur-le-champ au palais impérial. Elle y rencontra le grand maréchal qui la complimenta et lui
dit :

« — Je n'ai pas besoin de vous dicter le langage à
tenir. Laissez-moi vous faire une recommandation

sérieuse : c'est de ne point vous intimider si l'on vous
parle de Moreau.

— M'intimider ! ne le craignez pas. Mais si
l'on me parle de Moreau ou de Ney, adieu la
Majesté.

— Ne faites pas la mauvaise tête... Contentez-vous
d'être aimable, ce qui vous sera facile... Vous me
remercierez bientôt du conseil. »

En ce moment une porte s'ouvrit et Ida se trouva
en tête-à-tête avec Napoléon. Il ne lui fit tout
d'abord ni un salut, ni un compliment. Puis, brusquement, se tournant vers elle, il lui dit :

« — Savez-vous, Madame que vous paraissez ici
bien plus jeune qu'au théâtre. C'est six ans de moins
que vous gagnez.

— J'en suis fort heureuse.

— Vous étiez très liée avec Moreau ?

— Très liée.

— Il a fait pour vous bien des folies ! »

Et comme elle ne répondait pas, l'Empereur se
rapprocha d'elle, et ils causèrent sur ce ton familier
qui est comme le prélude des conversations dépassant
les limites de la retenue.

« Il fut fort aimable — nous raconte Ida — assez
du moins pour me faire oublier Moreau, pour l'Empe-

reur et Roi, aimable toutefois avec plus de brusquerie que de tendresse.

« Il était facile de voir que les femmes ne pouvaient guère exercer d'empire sur Napoléon.

« Il n'ignorait rien de ma singulière existence, me
demanda si j'étais attachée au théâtre de Milan et si
je comptais y rester. Je lui répondis que mon projet
était, aussitôt après les fêtes, de voyager dans le
Tyrol. Il me jeta un regard dont rien ne pouvait
exprimer la pénétration, en ajoutant :

« — Vous êtes donc Allemande ?

— Non, sire, je suis née Italienne et j'ai le cœur
français. » Il me regarda de nouveau, resta quelques
minutes indécis, puis me dit avec la nonchalance
d'un souverain :

« — Je m'occuperai de vous !... »

Le lendemain, Ida reçut de la part de l'Empereur
un superbe cadeau ; et, sans attendre un instant, elle
voulut aller le remercier.

La jeune femme trouva Napoléon occupé à une
correspondance qui semblait l'absorber ; il ne quitta
pas la plume, et soudain :

« — Vous vous ennuyez ? demanda-t-il.

— C'est impossible, sire.

— Comment, impossible ?

— Ne suis-je pas témoin des travaux d'un grand homme ? N'y a-t-il pas là un spectacle du plus haut intérêt ? »

Et comme elle se levait, l'Empereur s'approcha d'elle...

Cette seconde entrevue fut plus cordiale et plus intime que la première, et à leur surprise commune, il était deux heures du matin lorsqu'ils se séparèrent.

Napoléon dormait peu.

« — Ce qu'on prend au sommeil est autant d'ajouté à la véritable existence », disait-il à Ida.

Celle-ci le trouvait fort galant, mais pourtant, remarque-t-elle, il n'était pas un dameret. Sa galanterie, par cela même qu'elle n'était pas commune, en devenait plus flatteuse. Il plaisait parce qu'il était sincère. Il ne disait point à une femme qu'elle était belle, mais il la détaillait avec le tact d'un artiste.

« — Croyez-vous, » avoua-t-il fort plaisamment à notre héroïne, « qu'en vous voyant au théâtre, j'avais soupçonné un peu d'artifice dans votre beauté ? »

A dater de cette entrevue, Napoléon ne s'offrit plus à la pensée d'Ida que comme le plus grand homme de son temps. Son enthousiasme ne connut plus de bornes. Plus tard, Ney devait lui en faire malicieusement la remarque.

En septembre 1805, les troupes autrichiennes envahirent la Bavière. Mais depuis plusieurs mois, Napoléon avait tout réglé secrètement pour une guerre sur le Rhin ; tout préparé, tout prévu, tout décidé avec M. Déjean, ministre de l'administration de la guerre, qui reçut de Daru, intendant général de l'armée, des instructions détaillées.

A la fin d'octobre, le maréchal Ney était parvenu, en vingt-cinq jours, des rivages de l'Océan sur les bords du Rhin, à la tête de son corps d'armée avec lequel il allait s'illustrer encore et trouver sous les murs d'Ulm et les hauteurs du Michelsberg un glorieux titre de noblesse.

En effet, après les opérations d'Ulm, l'attaque des hauteurs du Michelsberg et de l'abbaye d'Elchingen, Napoléon décerna au maréchal Ney le titre de duc d'Elchingen.

La capitulation d'Ulm précéda de quelques mois la bataille d'Austerlitz. Pendant ce temps, Ney terminait la campagne pour sa part, chassant du Tyrol l'archiduc Jean. Il enlevait le fort de Stornitz, s'emparait d'Insprück et de Hall, et exterminait enfin l'arrière-garde de l'archiduc au pied du mont Brenner.

Ida quitta Milan vers la fin de l'année 1805. S'arrêtant quelques jours à Vérone, elle passa de là dans le Tyrol. Habillée en homme, elle résolut de rejoindre Ney. Son désir n'allait pas, cette fois, sans quelque remords, auxquels le souvenir de Napoléon n'était certes pas étranger.

Elle rejoignit donc Ney qu'elle aperçut au milieu d'un brillant état-major. Le soir même ils étaient dans les bras l'un de l'autre.

Ida avait coupé ses cheveux. Le soleil avait bruni son teint. Son air avait pris un aspect si viril que Ney lui dit :

« — Si vous ne parliez pas, je défierais qu'on vous reconnût pour une femme, surtout lorsque vous êtes à cheval. »

Le général Delzons devait être du même avis. La voyant, au moment d'un repas militaire, payer l'eau-de-vie aux soldats :

« — Quel est ce jeune homme ? — » demanda-t-il, « ce petit homme-là ?

— Général, » répondit l'Hébé militaire, « c'est un Parisien qui veut se faire apprenti soldat. Il paie largement sa bienvenue, mais il ne boit pas. »

Ch. Thévenin inv. et sc.   "Une Amazone"

CH. CASSINGTON, ÉDITEUR

Survint la paix de Presbourg qui suspendit les exploits de Ney. Alors la courtisane et le général rentrèrent à Paris.

Une nouvelle coalition ne tarda pas à se former contre la France, et le 1er octobre 1806 s'ouvrit la campagne de Prusse.

Ney était appelé au commandement du 6e corps de l'armée d'Allemagne. Il partit donc rejoindre les troupes. Ida, de son côté, se mit en route, avec comme compagnon de voyage, un officier de hussards nommé Déry. Plus tard, ce Déry, général de brigade, devait mourir à la bataille de la Moskowa; son nom est inscrit sur l'Arc de Triomphe de l'Étoile, face nord. Le malheureux fut tué à la fleur de l'âge, dans ces terribles représailles de nos triomphes que fut la campagne de Russie.

Ney avait pris une part importante aux opérations militaires de la campagne. A Iéna, il contribua fortement à la déroute de l'armée prussienne, s'empara de Magdebourg qui, avec la prise de Lübeck, termina la campagne de Prusse. La Pologne devint la victime de la guerre, et le succès de nos armes termina promptement cette seconde phase de la lutte.

Le 7 février 1806, Ida se rapprocha du théâtre des opérations militaires.

« Arrivée dans le voisinage de l'armée française
— écrit-elle — je me séparai de l'ordonnance qui me
servait de compagnon de route. Je me rapprochai des
troupes. Le canon tonnait. La route était déjà encombrée de bagages et de blessés. Je voulus avancer
encore :

« — Vous ne passerez pas, me dirent les soldats;
les Russes y sont... On les délogera, criaient les
autres. Ils ont affaire à forte partie. Ney les attaque.

« Dans les voitures d'ambulances, construites sur
les indications du chirurgien en chef de l'armée, le
brave baron Larrey pansait les blessés.

« Nous allions remonter à cheval et quitter nos
camarades d'ambulance, quand tout à coup nous
fûmes entourés de troupes de différents corps, qui se
succédaient avec des cris divers. Tout le monde se
heurtait dans une route encombrée de chevaux et de
bagages.

« Tous les soldats voyaient et annonçaient les préparatifs d'une bataille. Tous étaient gais, impatients,
sûrs de leur propre valeur et confiants dans le génie
de leur chef. La bataille d'Eylau venait de commencer.

« Un coup de canon annonça l'engagement du
combat. Je ne sais quelle inspiration me poussa.

mais je mis mon cheval au galop vers le point même de l'attaque. Je m'approchai. Je vis très distinctement l'ordre de bataille ; une division s'ébranler, appuyée par trente pièces de canon ; un général tomba blessé.

« La neige tombait à gros flocons sur cette scène d'épouvante. Mon domestique Hans me conduisit par un chemin de traverse vers les débris du toit d'une masure.

« Tout à coup des cris, un bruit épouvantable arrivant à nos oreilles nous firent remonter à cheval. Les cuirassiers s'étaient élancés sur une redoute et avaient été repoussés par les Russes. Les fantassins attaquèrent à leur tour. Je résolus de ne plus m'éloigner.

« Que ceux qui n'ont pas vu de près une bataille se trompent quand ils croient les chefs moins exposés que les soldats ! J'ai vu des états-majors entiers, chargeant à la tête des divisions. Un instant la cavalerie légère avait été mise en désordre. Tout fut dans le même instant rétabli par l'intrépidité des officiers du plus haut grade. Les aides de camp, les ordonnances galopaient de toutes parts avec une intrépidité folle. »

On se battait depuis le matin, et il était déjà plus

de trois heures. Tout à coup les colonnes s'ébranlent
de nouveau. Le cheval d'Ida s'emporte et pique droit
sur l'ennemi.

La mêlée devenait terrible et la pauvre petite
héroïne n'eut que le temps de tirer de son fourreau un
petit sabre — présent de Moreau — qui ne la quittait pas et de se mettre en garde, non pour atta-
quer, mais pour se défendre. Elle reçut au-dessus de
l'œil gauche un coup de pointe qui lui couvrit le
visage de sang. Entraînant sa monture à cent pas en
arrière, elle resta néanmoins à cheval, la tête entourée d'un mouchoir, le visage considérablement enflé.
Enfin, elle mit pied à terre près d'un tertre. Étendu à
ses pieds, se tenait un jeune grenadier russe qui
poussait d'inintelligibles plaintes. Elle eut la douleur
de le voir mourir, à demi dans ses bras, alors qu'elle
lui tendait une gourde.

Frappé du son de sa voix, un soldat de la ligne la
regardait :

« — Pour un joli atout, voilà un joli atout ! » dit-il
apercevant la blessure d'Ida. « Mais vous êtes une
femme, pas vrai?

— Non, camarade ! répliqua Ida, » qui ne voulait
point trahir son secret.

— Alors vous êtes de ceux qui ne prennent ni

barbe ni moustaches ? C'est égal, vous êtes brave ?
Allons rejoindre l'ambulance.

Le froid était vif, l'obscurité profonde, les chemins
épouvantables. Le canon ne cessait ses sourds gron-
dements.

Ida s'arrêta dans une maisonnette dévastée, où elle
s'établit tant bien que mal, et où elle pansa elle-
même sa blessure. Elle attendait Ney. Ce dernier
avait été prévenu, mais il ne put voir qu'après trois
jours celle qui avait bravé les périls de la guerre et
risqué sa vie pour le rejoindre.

Encore fut-elle courte, cette entrevue. Ney, très
ému, mais tout entier à ses devoirs, lui fit comprendre la nécessité d'une nouvelle séparation :

« — Ce moment est le seul que je puisse encore vous
donner, lui dit-il. Il faut partir, mon amie, quitter
l'armée dès que vous serez en état de voyager. »

Certes, la séparation fut pénible, mais elle était
obligatoire.

La victoire d'Eylau avait durement éprouvé nos
troupes : Augerau était blessé, ses terribles grenadiers décimés.

L'Empereur écrivait à l'Impératrice :

« Il y a eu hier une grande bataille. La victoire
m'est restée, mais j'ai perdu bien du monde. La

perte de l'ennemi, plus considérable encore, ne me
console pas. »

Les soldats, dans leur langage imagé, avaient
donné à Ney son nom de guerre. De même qu'ils
appelaient Napoléon le *Petit Caporal*, ils nommaient
Ney le *Lion rouge*, à cause de ses cheveux qui étaient
d'un blond vif. Et quand, dans un moment décisif,
on entendait son canon gronder au loin :

« Courage, se disaient les soldats, le Lion rouge
rugit. Tout va se débrouiller. »

Ida quitta Ney le 24 février 1807. Sa blessure avait
été plus grave qu'on ne l'avait cru tout d'abord. Son
voyage fut pénible. Elle arriva à Nancy, plus fatiguée et plus souffrante que le jour où elle reçut sa
blessure. Puis, elle repartit pour Bar. A Château-
Thierry, la fièvre se déclara, et, arrivée à Saint-Denis,
il ne lui fut pas possible d'aller plus loin, ce qui
l'obligea à se faire transporter à Paris.

« J'y menai, encore cette fois, dit-elle, une vie très
retirée, ayant peine à me rétablir. Je sortais fort peu.
La plupart de mes amis étaient absents, en campagne, sur les champs de bataille. Paris, pour moi,
n'avait plus de charme. Mon cœur était avec l'armée
française. »

*
* *

C'est sur le coteau de Saint-Cloud, qu'Ida passa la plus grande partie de l'année 1807.

Sa santé était chancelante, et elle résolut d'aller se rétablir au delà des monts. Elle partit pour l'Italie à l'automne de la même année.

Le général Monchoisy, qui commandait à Gênes, lui donna des sauf-conduits pour le littoral de la Ligurie et des villes des Apennins qu'elle voulait visiter.

Des troubles venaient de se produire dans ces régions, et Junot, qui commandait alors dans ces territoires, les réprima avec trop de violence.

Junot fit une entrée solennelle à Bobbio, au son des cloches de toutes les églises, chantant le *Te Deum*, entouré de ses aides de camp, des hauts fonctionnaires de tout le pays. Il parut aux regards demi-couché sur un canapé couvert de tapis d'Orient. Sa suite tout entière resta debout. Il ne permettait de s'asseoir qu'aux femmes. Encore fallait-il qu'elles fussent jeunes et jolies !

Très adroit au pistolet, Junot se donnait le singulier plaisir de tirer, au grand galop de son cheval,

— 113 —

les poules et tous les innocents volatiles des paysans ;
mais pour montrer qu'il était aussi généreux qu'a-
droit, il jetait une pièce de cinq francs à tous les
pauvres propriétaires qui lui rapportaient l'animal
blessé, et ceux-ci s'en allaient bien contents avec la
victime et l'argent. Ces actes n'indiquaient pas un
cerveau bien équilibré. Ils marquaient le début de la
folie qui terrassa plus tard le duc d'Abrantès.

Ce qu'il y eut de curieux dans cette campagne
contre les villages des Apennins, ce fut l'insouciance,
la légèreté, la gaieté même qui accueillirent les
représailles exercées par les troupes françaises. Les
prétendus insurgés buvaient avec les soldats qui brû-
laient leurs pénates, et trinquaient très joyeusement
en face de leurs maisons brûlées ou envahies.

. . . .

A Gênes, Ida apprit que la princesse Pauline allait
passer un mois à la Cour de Turin. Ce devait être là
prétexte à des fêtes, à des plaisirs, toutes choses qui
n'étaient point pour effrayer l'intrépide voyageuse ;
aussi se dirigea-t-elle tout droit sur la capitale du
Piémont.

Napoléon était venu à Turin quelque temps auparavant. Il s'efforça de plaire en disant aux dames
qu'elles étaient jolies, aux officiers piémontais qu'ils

étaient braves ; bref, il causa aimablement à tout le
monde et montra que le héros des champs de bataille
savait être, à l'occasion, l'homme de cour.

Ida ne resta que quelques jours à Turin et alla à
Gênes qu'elle quitta le 7 mai 1808. Elle se rendit
ensuite à Lucques, puis à Pise, où, rencontrant la
troupe théâtrale de Milan, elle se montra de nouveau
sur la scène et suivit les acteurs à Livourne. Enfin,
après quelques excursions et voyages avec les comédiens, elle prit le chemin de Florence où elle avait
l'intention de passer quelques mois.

CHAPITRE VII

Ida arriva à Florence à l'époque la plus brillante peut-être du règne de Napoléon. L'empereur avait à peu près reconstitué l'empire de Charlemagne. Ce sceptre, qu'il avait arraché, à Saint-Cloud, des mains d'une révolution devenue bavarde et menaçant de tomber dans la déchéance du Bas-Empire, cette royauté qu'il avait enlevée aux factions, il semblait n'en avoir usurpé les droits que pour en augmenter les devoirs. Napoléon avait voulu être empereur des

Français, mais pour que la France régnât en souveraine sur le monde.

· Ida, qui comptait avoir par ses relations un accès facile auprès de la grande-duchesse Élisa, résolut de se fixer convenablement à Florence, heureuse à la pensée de pouvoir écrire à Ney : « J'ai mis un terme à ma vie errante. »

Un directeur d'un théâtre italien, Bianchi, la sollicita vivement pour un engagement de trois représentations à Livourne. La cour de la grande-duchesse était alors à Pise. Ida accepta la proposition qui lui était faite, et se rendit à son poste, après avoir écrit à Ney.

Cependant, les premières victoires des armées françaises dans les campagnes d'Allemagne devenaient incertaines, l'Espagne se soulevait ; l'absence de troupes nécessaires et suffisantes sur les champs de bataille, toutes ces circonstances diverses révélèrent aux Italiens l'intérêt qu'ils devaient trouver dans la révolte. Des placards séditieux étaient journellement affichés à Florence, à Pise et en d'autres villes. Les paysans d'Arrezo avaient paru en armes aux portes de Sienne.

La grande-duchesse, secondée par le général Menou, déploya, en cette circonstance, une grande force de caractère. Des mesures énergiques furent prises. Les tribunaux furent militairement réquisitionnés.

La nouvelle des victoires de Napoléon arriva bientôt, et, en décidant de grands événements, dissipa toutes les petites menées insurrectionnelles fomentées sur les bords de l'Arno. Les bulletins de la Grande Armée suffirent alors contre la bravoure italienne !

Ida Saint-Elme, dans le désordre de ses idées, persista dans sa résolution d'acquérir une position honorable. Tout d'abord, elle se sépara d'une *comica compagnia* dont elle faisait partie et devint dès lors une artiste dramatique comme on n'en voyait guère, n'ayant plus à redouter le côté pénible de la profession, la sévérité du public. Attachée au théâtre de la Cour, dispensée par son talent, trop faible pour être réellement utile, et par la fréquentation trop assidue de la cour, elle ne fut plus soumise à un travail suivi et à une subordination humiliante ; elle ne resta vraiment actrice que de nom.

Ses fonctions auprès de la grande-duchesse étaient celles de lectrice.

Élisa gouvernait en son propre nom. Elle était grande-duchesse : le prince était son mari et non

point son roi ni son égal. Le prince Félix Bacciochi
n'habitait pas avec la souveraine. Il occupait rue de
la Pergola un hôtel qu'on appelait sa Cour, laquelle
se composait surtout de militaires.

Élisa et Félix, si singulièrement séparés, apparais-
saient en public dans une cordiale intimité, accompa-
gnés de leur enfant. C'était une petite fille charmante, dont la figure rappelait les beaux traits de
son père et la finesse de ceux d'Élisa. Elle était toute
de pétulance et de gentille vivacité. Un petit orgueil
enfantin fort original lui faisait quelquefois crier,
dans l'expression de sa colère ou de sa joie : « Je
suis la petite Napoléon. » Elle ne perdait pas une
occasion de faire la charité, et répétait souvent, avec
une charmante naïveté : « Mais puisque je suis la
petite Napoléon, je dois être meilleure que les autres
enfants. »

La gloire de Napoléon emplissait tout entier le
cœur de sa sœur Élisa. Elle recevait directement les
dépêches des armées. C'est ainsi qu'Ida apprit la
mort glorieuse du maréchal Lannes tombé à Essling,
en même temps qu'elle avait des nouvelles de Ney
qui commandait le 6ᵉ corps d'armée en Espagne.
Napoléon, qui tenait à cette longue guerre — bien
plus comme à une gageure qu'à l'intérêt qui devait en

résulter — avait voulu que tous ses meilleurs généraux y prissent part ; peut-être aussi fut-ce pour
apprendre au monde la distance qui séparait le génie
de l'Empereur du mérite de ces hommes dont la
gloire toujours grandissante gênait celle de leur
maître.

A la pensée des dangers multiples que courait Ney
dans cette guerre de guérillas — guerre toute d'in-
certitudes et de périls — Ida voulut le rejoindre. Elle
obtint d'Élisa un congé de deux mois. « Allez, lui
dit celle-ci, puisque courir en chevalière errante est
un de vos besoins ; mais que ce voyage soit une
course et point une campagne. Si vous n'êtes pas de
retour ici dans deux mois, vous trouverez en arrivant
votre passe-port pour Paris sur votre toilette. »

En chaise de poste, Ida se rendit à Perpignan,
puis elle arriva promptement au milieu de la Pénin-
sule. A Banos, elle rejoignit le corps d'armée de
Ney.

« Déjà l'aspect de la guerre — écrit-elle — la rencontre des bataillons français, ce parfum de gloire,
plus doux à respirer dans ce pays que celui des
orangers qui l'embaument ; cette vie active, animée
tout entière d'émotion et de spectacle, ravivait mon
imagination fatiguée des vides plaisirs des cours et

de la voluptueuse Italie. Je me sentais là dans mon élément : j'approchais de Ney, j'approchais du cœur qui seul pouvait faire battre le mien. J'étais heureuse rien que de le savoir si près de moi, et de lui apprendre qu'une lieue nous séparait à peine. »

Et comme Ida lui avait fait parvenir un message lui annonçant son arrivée, elle reçut cette laconique réponse :

« Puisque c'est votre goût d'avoir un bras ou une jambe de moins, à cheval... et venez. »

Elle saute à cheval et le rejoint. Ils se rencontrèrent près d'un ravin, sur une route bordée de rochers ; quelque chose de fier et de sauvage semblait s'élever de cette nature pittoresque et superbe.

« — Voilà un magnifique abri au milieu des précipices, » dit Ney « et dont les revers boisés me paraissent délicieusement frais ; arrêtons-nous là, vous devez avoir besoin de repos ; j'imagine qu'après notre longue séparation, nous avons quelque hose à nous dire... »

La bride de leurs chevaux passés au bras, ils allèrent, écartant les broussailles fleuries, cherchant l'ombreux coin de verdure, la retraite discrète. Seuls témoins de leurs baisers, quelques oiseaux les entendirent murmurer l'éternelle chanson d'amour, amour

invincible qui faisait franchir à Ida des lieues et des
lieues pour retrouver celui auquel elle s'était donnée
toute. Il semblait qu'elle se fut offerte à ce soldat
pour avoir l'ineffable joie de partager ses glorieux
périls.

« Je le regardais — dit Ida — comme une de ces
figures d'un long rêve, que le jour montre et éclaire
soudain, et qu'on reconnaît avec toute l'anxiété et
tous les troubles du songe. C'est bien lui, me disais-
je; je le sens à la gloire qui brille sur son front, aux
pressions de sa main puissante et reconnaissable
autant que sa gloire, songeant plus au héros qu'à
l'amour, au capitaine nécessaire à son armée qu'à
l'homme nécessaire à mon cœur, il me prend un fris-
son craintif à l'idée de cet isolement dans un pays si
plein de dangers, où une halte du guerrier peut ino-
pinément être surprise par le poignard ou la balle
des partisans ; dans un pays où la haine du nom français retentit et veille de montagnes en montagnes... »

« — Ney, mon ami, » dit-elle tout à coup, « ne res-
tons point là ; éloignons-nous.

— Non, répondit le soldat, où serions-nous aussi
bien, sans témoins d'un bonheur perdu que je retrouve
enfin, d'un bonheur qui a besoin de solitude et d'ef-
fusion mystérieuse... »

Cette entrevue se termina trop tôt au gré des deux amants.

« — Le devoir, l'honneur, » dit le maréchal à Ida « nos promesses aujourd'hui violées, nous commandent de nous séparer.

— Ne me gardez pas rancune d'être venue de si loin pour les rompre, » supplia-t-elle. « Cette entrevue suffit à mon bonheur. Elle me suffit pour supporter un éloignement qui ne lui coûtera guère, puisque maintenant je vous vois; je vous vois et me sens retrempée pour toujours.

— Généreuse Ida, vous êtes aussi bonne que belle et vaillante, mais il le faut : adieu! adieu bien tendre et bien reconnaissant. Les Anglais n'ont pas eu de mes nouvelles depuis ce matin : je vais les charger en pensant à vous. »

Sur ces mots, ils se séparèrent et Ida reprit la route de la frontière. Elle s'arrêta deux jours à Mont-de-Marsa, repartit pour Lucques, et arriva à Florence à la date fixée par la grande-duchesse.

*
* *

Nous touchons à l'un des événements les plus importants du règne de Napoléon : son divorce avec

Joséphine, le 25 novembre 1809, et son mariage avec l'archiduchesse Marie-Louise, la fille des Césars, comme disaient les poètes du temps.

A cette nouvelle sensationnelle, la grande-duchesse Élisa ne manifesta ni émotion ni surprise. Dans la famille tout entière de Bonaparte, Joséphine était sincèrement détestée, et Napoléon ne pouvait que contenter ses sœurs en répudiant la femme, témoin de ses bonnes comme de ses mauvaises fortunes, celle qui l'avait vraiment aimé, la compagne de la jeunesse et du temps des illusions, que la gloire n'avait pas changée. Napoléon voulait s'unir à un sang royal, *un véritable*. Ce fut une faute. Napoléon s'en aperçut par la suite, mais trop tard, et ce fut là le commencement du châtiment de ce chéri de la Fortune dont tous les rêves s'étaient réalisés jusque-là !

La princesse Élisa partit pour Paris, rendant à Ida une liberté provisoire, dont celle-ci profita pour se rendre à Milan, capitale du royaume dont Bonaparte avait joint la couronne à son sceptre français, comme par reconnaissance de ses premières victoires. D'ailleurs, cette ville rappelait à Ida Saint-Elme de charmants souvenirs du temps passé avec Moreau.

Sa plus grande occupation dans cette capitale de la

riche Lombardie consista en une vie extérieure que
les plaisirs de la société remplit exclusivement. Son
temps se passait en promenades et excursions pitto-
resques, lorsqu'une lettre du directeur du théâtre de
la Cour l'ayant prévenue du prochain retour de la
grande-duchesse de Toscane, elle quitta Milan et
rentra à Florence, où en effet, Élisa arriva deux
jours après.

La troupe dramatique française, peu goûtée du
public de Florence, fut licenciée, et une fois encore,
Ida Saint-Elme quitta la scène. Elle en profita pour
visiter Rome, puis Naples et ses environs. Dans cette
ville, la vraie patrie de « Pulcinello-Polichinelle »,
elle assista à une scène fort amusante. La rue de
Tolède, à Naples, offrait, à cette époque, aux jours
de fête, une animation extraordinaire. C'étaient de
tous côtés, cafés, jeux, spectacles en plein vent,
parades pour le peuple. Un jour, un rassemblement
se forma. Ida s'approcha. Un capucin et un agent de
police étaient aux prises. Le religieux prêchait dans
un carrefour lorsque le sbire voulut le faire circuler.
Le capucin, l'œil en feu, la figure bouleversée, gesti-
culait et criait, opposant une vive résistance à l'agent
qui l'entraînait. La populace laissait faire. Quelques-
uns même riaient... Le moine, que ces rires ren-

daient furieux, s'écria tout à coup en brandissant son
crucifix de bois :

« — Ne riez donc pas. brutes! Mon Polichinelle est
le seul qui puisse vous sauver. Il est le véritable
Polichinelle, âmes damnées !... »

Un soir, Ida trouve chez elle un mot du secrétaire
des commandements lui donnant audience de la reine
Caroline, pour le lendemain matin, à la maison
royale de plaisance de Caserte.

Elle connaissait Caserte qu'elle avait visitée en
revenant de Rome. On y accédait par des chemins
bordés de myrtes, d'orangers et de mille plantes aux
parfums délicieux.

Ida sortit de Naples de grand matin. En arrivant à
Caserte, on lui proposa une promenade dans les charmants jardins de la résidence royale, en attendant
que la reine eût terminé sa toilette. Enfin elle fut
introduite au lever de Caroline.

La reine avait, en parlant, une sorte de ricane-
ment désagréable, fatigant et pénible. Sèche, naturellement raide, elle s'efforçait visiblement, ce jour-
là, d'être aimable, car Ida la trouva fort avenante.

— « Comment s'habille ma sœur Élisa? » demanda-
t-elle. « Quelle couleur lui sied le mieux ? Comment

trouvez-vous que me va ce chapeau ? C'est Napoléon, qui, entre deux victoires, songe à nous envoyer ces frivolités... »

Et avec un babillage de femme coquette et sans soucis, elle déballait rapidement une caisse de modes, arrivée de Paris, étalant avec une joie enfantine les robes, chapeaux, manteaux, les garnitures et tout ce que contenait sa caisse.

Puis, mêlant le sérieux au léger, elle questionna Ida et lui parla du peuple napolitain, de ses goûts, de ses mœurs, des efforts du roi et d'elle-même pour rendre heureux son royal époux. Cette audience dura une heure, après quoi Ida Saint-Elme fut présentée au roi Joachim Murat. Ce dernier était entouré d'une cour brillante d'officiers. Tout son caractère se spécialisait dans cette magnificence militaire qui tenait de la féerie.

« — Je suis enchanté, Madame, » dit le roi, « que ma belle-sœur ait pensé à vous envoyer à moi. Ma cour est le rendez-vous des talents ; j'aime les arts de la paix comme si je n'avais jamais fait la guerre. Si vous vous déplaisez jamais à Florence, venez ici ; j'entends si votre santé exigeait un autre climat, car avec Élisa, il n'y a point à craindre d'autres causes de déplacement. »

Ida rentra chez elle enchantée de cette réception,
heureuse d'avoir pu contempler l'homme qui, avec
Napoléon et avec Ney, était cité comme le plus
brave, le roi intrépide qui chargeait l'ennemi une
cravache à la main, éprouvant un secret plaisir
à faire cribler de balles ses panaches et ses soie-
ries !...

Murat était bon, il avait une bravoure brillante et
des talents militaires, un grand désir de plaire et
d'être distingué ; il cherchait à avoir de bonnes fortunes et les outrait. Mais le guerrier républicain se
retrouvait malgré lui et le mélange de ces deux êtres
si opposés aurait appelé le sourire si le brave militaire ne se fût montré pour arrêter la critique.

La reine Caroline prit malheureusement un empire
très puissant sur l'esprit de son mari, qu'elle excita
contre Napoléon.

La Reine de Naples savait toujours défendre les
intérêts de son mari vis-à-vis de l'Empereur ; mais
lorsqu'elle était seule avec lui, un désir égal de gouverner amenait entre eux un nuage...

Nulle autre ne posséda comme elle l'art d'attirer
et de charmer par une grâce qui avait quelque chose
de la mollesse asiatique et séduisante des odalisques :
il est vrai qu'une petite griffe se faisait quelquefois

sentir sous sa main caressante, mais l'abandon le mieux étudié et le soin le plus gracieux venaient bientôt guérir la blessure et enchaîner de nouveau.

« Fine, courageuse, persévérante, passionnée, inconséquente, ce même attrait qui captivait en elle ne pouvait y cacher l'ambition de tous les pouvoirs et la jalousie de tous les succès.

Telle était la reine de Naples[1]. »

La défection de Murat, en 1814, fut provoquée par la propre sœur de l'empereur...

Les difficultés et les intrigues qu'Ida voyait naître précipitèrent son retour à Florence, et elle rentra auprès de la grande-duchesse.

*
* *

Le retour d'Ida à Florence fut une véritable fête. Instruite de son arrivée, Élisa envoya prendre de ses nouvelles en la priant de passer au palais.

« — Soyez la bienvenue, » dit-elle : « j'ai un peu de mélancolie dans l'âme ! vous ne pouviez arriver

1. Portrait de Caroline, tracé par la reine Hortense, publié par Albert Lumbroso.

plus à propos ; mais aujourd'hui, au lieu de lire, nous allons causer. J'ai été contente de vous.

— Votre Altesse attache trop de prix à mes modestes services, » dit Ida, et elle lui raconta en détail son séjour à Caserte.

La position d'Ida Saint-Elme à Florence devint de jour en jour plus intime et plus douce. Elle affectionnait profondément Élisa, et, comme elle-même en fait la remarque, les souverains ont rarement auprès d'eux des serviteurs qui les aiment pour eux-mêmes, qui n'abusent pas de l'intimité pour se glisser dans la politique, et qui ne profitent point des confidences pour se créer une certaine et fâcheuse influence dans les affaires.

De cela, Ida était incapable. Elle fut toujours franche et loyale, et ne chercha jamais à tromper ses amis. Elle s'efforçait de plaire et réussissait pleinement. Son cœur doux et ouvert compatissait aux malheurs d'autrui, s'apitoyait sur les infortunes de ses compagnons, grands ou petits. Elle aima avec toute la fougue et la chaleur de ses jeunes ans, se donnant tout entière à celui qui sut la conquérir et marquer dans son cœur une trace ineffaçable. La bravoure l'attirait, la fascinait. Brave elle-même, sa vie fut toute de dangers et d'aventures et si, parfois, elle

se sentait glisser sur la pente du mal, elle se retenait
toujours à temps.

Ney la captivait; Ney seul à ce moment occupait
ce coin intime de l'âme, qu'aucune distraction ne peut
jamais envahir. Ce n'était plus le feu dévorant de
l'impatience, mais c'était le culte du souvenir et la
préoccupation des promenades, des rêves et de la
solitude.

« Les idées de gloire surtout, écrit Ida, me rame-
naient délicieusement aux rêves d'un amour dont la
victoire avait été la complice.

« Tout, même dans notre coin de Florence, annonçait les préparatifs d'une nouvelle et gigantesque
campagne de Napoléon. La trop fameuse guerre de
Russie allait s'ouvrir. Si tout ce qu'on a déjà lu de
ma vie aventureuse n'eût préparé le lecteur à toutes
les velléités d'une imagination inépuisable, j'hésite-
rais à avouer qu'au moment de la campagne de 1812,
ma résolution d'en courir les hasards fut l'affaire de
quelques heures. »

Et sans prévenir le maréchal, sans presque espérer
que tant de périls nouveaux, bravés pour Ney, méri-
teraient même son approbation, Ida partit à la
recherche d'héroïques aventures.

« Mille fois en route, écrit-elle, et avant de toucher les terres de Pologne, j'avais failli revenir sur mes pas. L'hésitation était parfois plus forte que l'amour. »

Plus forte que l'amour ? non pas. Ida marchait, allant de nouveau au-devant des plus grands dangers, toute à son amour, indifférente parfois à ce qui l'entourait.

C'est ainsi qu'elle traversa la Pologne et rejoignit les armées à Wilna.

CHAPITRE VIII

« Vêtue en homme je marchais sur les derrières de
l'armée. Jusqu'à la Pologne j'accomplis assez rapidement en chaise de poste cette partie de mon voyage...
En avançant, le danger augmenta. Toujours au milieu
des étrangers et des convois, j'étais exposée aux plus
grands périls qu'une femme puisse redouter.

« J'avais des lettres pour plusieurs généraux. Cette
précaution était même la seule que j'eusse prise. Ney,
ayant sous ses ordres les généraux Souham, Delmas,

Ricard et Beurmann, avait le commandement du troisième corps.

« J'arrivai à Wilna, où venait d'être établi le quartier général. Là je vis réunie une armée gigantesque où les soldats criaient : « Vive Napoléon ! », en six langues différentes : brillant prélude d'un désastre sans précédent. »

C'est Ida Saint-Elme qui parle. Cette marche fatigante à la suite d'une armée n'était cependant pas pour lui déplaire, d'autant plus qu'avec elle voyageaient quatre autres dames, petites héroïnes, chacune suivant l'objet de son amour. L'une d'elle — qu'Ida appelle Nidia — eut le triste honneur de recevoir le dernier soupir de celui qui lui inspirait tant de courage, le général Montbrun, l'une des premières victimes de cette malheureuse campagne, tué à la tête de ses braves.

C'était un spectacle grandiose que celui de cette vaillante armée qui, des sables brûlants de l'Égypte et des terres en feu de l'Espagne, venait maintenant refouler les fiers enfants du Nord jusqu'aux limites de leur pays.

La Moskowa, brillant épisode d'une campagne inutile où tant de héros firent des prodiges. La Bérésina, passée une première fois en vainqueurs, repassée en vaincus ! En cette terrible circonstance, Ney conquit le titre de prince, titre qu'il avait, d'ailleurs, bien mérité. Tous, du reste, se dévouèrent et rivalisèrent de courage et d'audace car, au-delà, on voyait Moscou.

Puis, ce fut l'arrivée en cette ville incendiée; vaste tombeau, avec ses rues désertes, ses édifices abandonnés, et tous se sentirent le cœur étreint d'une indicible angoisse.

Toute l'armée avait compté trouver dans Moscou de solides quartiers d'hiver et goûter dans cette ville sainte de la Russie le repos nécessaire, après tant de fatigues et de souffrances endurées.

Moscou était pour la Grande Armée le gîte d'étape lointain, porte de l'Asie aux mille clochers dorés où devait se conclure la trêve rêvée par les peuples vaincus.

Mais Napoléon avait compté sans l'énergie d'un peuple humilié dans la défaite, et qui, honteux, entendait relever l'honneur de toute une race.

L'incendie avait éclaté simultanément dans la plupart des quartiers de Moscou et il se propagea avec une telle rapidité que nos troupes furent forcées d'évacuer la ville. Moscou tout entier présentait l'image d'une vaste fournaise, avec, au-dessus, un

océan de feu vomissant des tourbillons de fumée et
d'énormes débris avec un bruit horrible et sinistre.
Quel spectacle pour Napoléon ! avec quelle douleur il
sentait l'impuissance de sa volonté contre un tel
désastre !

La retraite allait commencer.

> .... L'Empereur revenait lentement,
> Laissant derrière lui brûler Moscou fumant.

a dit le poète.

Les épisodes de cette retraite pleine d'émotions
terribles, où des angoisses inconnues étreignaient le
cœur de la France, ont été trop copieusement décrites
par les écrivains et reproduites par les artistes pour
que nous ayons à y revenir longuement.

Ida endura de cruelles souffrances :

« J'ai vu, dit-elle, de malheureuses femmes payer
par de tristes et humiliantes complaisances la faveur
d'approcher des feux d'un bivouac, ou l'avare nourri-
ture d'un jour ; je les ai vues, abandonnées, périr sur
la route et sous les pas de ceux qui ne reconnaissaient
plus, dans les misères du lendemain, les victimes qui,
la veille, avaient passagèrement excité la pitié de leurs
désirs.

« Jusque-là les Cosaques n'avaient point encore
inquiété nos équipages.

« Mais ils parurent une première fois avec inso-
lence, derrière les chariots sans escorte. Je n'avais
pas l'énergie guerrière de ma compagne Nidia, mais
à l'approche du tigre je sentis le besoin de le tuer. »

Ida fit bravement le coup de feu ; sa main, incer-
taine d'abord, ne portait que des coups inoffensifs.

« — Votre main tremble, » lui dit un soldat qui la
regardait faire ; « auriez-vous pitié de cette féroce
canaille ? »

Et comme Ida venait enfin d'abattre un Cosaque :

« — C'est bien, cela ! » approuva le soldat d'une
voix qui fit frissonner d'aise la courageuse jeune femme.

Il fallut repasser la Bérésina.

Ce fut une sanglante mêlée. Le maréchal Ney, à
force de patiente énergie et de courage, parvint à rétablir l'ordre dans le combat. Cependant la situation
était des plus critiques. Trois jours n'avaient pu
suffire à l'écoulement de ces masses d'hommes bat-
tant en retraite en ces régions glacées, dans les con-
trées perfides des neiges.

Tous les corps en désordre se trouvaient mélangés ;
chaque soldat avait deux ennemis à combattre : le
Russe qui se vengeait de ses défaites et le froid plus
terrible encore.

Une dame, sauvée par le maréchal · Lefebvre,

raconta en ces termes à Ida la rupture du pont qui
s'était produit vers la fin du passage.

« — Lorsque le pont se rompit, nous entendîmes
un cri, un seul cri poussé par la multitude, un cri
indéfinissable ! Il retentit encore à mon oreille chaque
fois que j'y pense... Tous les malheureux restés sur
l'autre bord de la rivière tombaient écrasés par la
mitraille. C'est alors que nous pûmes comprendre
toute l'étendue de ce désastre. La glace n'étant pas
assez forte, elle se rompait, engloutissait hommes,
femmes, chevaux, voitures... Nous vîmes une belle
femme, tenant son enfant dans ses bras, prise entre
deux glaçons comme dans un étau. Pour la sauver, on
lui tendit une crosse de fusil et la poignée d'un sabre,
afin qu'elle pût s'en faire un appui. Mais elle fut
bientôt engloutie par le mouvement même qu'elle fit
pour le saisir. Je m'éloignai en sanglotant de ce triste
spectacle... Quelle singulière et inexplicable destinée
avait été la mienne !... Si je n'avais pas été abandon-
née comme asphyxiée dans la neige, je n'aurais pas
été recueillie par le maréchal Lefebvre, et comme la
plupart des réfugiés de Moscou, j'aurais immanqua-
blement péri dans la Bérésina. »

Enfin, les troupes françaises quittèrent cette terre
d'épouvante et entrèrent en Pologne.

Avant d'arriver à Marienwerder, Ida sentit son cœur battre au récit d'un soldat qui faisait l'éloge du maréchal Ney.

« — Vous l'avez donc vu ? » lui demanda-t-elle vivement.

« — Oui, madame, et toujours en avant, face au feu. Sa contenance donnerait du cœur au plus lâche : c'est lui qui nous a sauvés. Quand notre colonne épuisée eut à exécuter le terrible passage du Dniéper, je l'ai entendu de sa grande voix crier aux officiers : « C'est aux soldats qu'il faut penser et non aux équipages ! » Notre corps d'armée se trouvait alors réduit à environ trois mille hommes. En cette terrible conjoncture, le prince de la Moskowa, l'intrépide Ney, se jette au milieu de nous, étendant les bras, comme pour nous donner à tous un peu de son âme de héros. « Soldats ! s'écrie-t-il, la France est devant nous ; derrière, l'esclavage et la mort : abandonnerez-vous un chef qui ne vous abandonna jamais ? S'il le faut, seul je vais marcher au feu, du moins je mourrai Français ! »

A l'arrière-garde également, Ney s'efforçait de protéger la retraite. Il arriva le dernier à Smolensk.

Admirable de sang-froid et d'énergie, il en fit sauter les fortifications sur l'ordre de l'Empereur, vingt-

quatre heures après le départ du gros de l'armée ; il fut
ainsi séparé des troupes françaises, ayant en face de
lui Miloradowitch et la grande armée russe commandée
par Kutusow. Le 10 novembre, en avant de Krasnoë-
Selo, il fut arrêté par une batterie de quarante pièces
de canon dominant la route et le ravin qu'allaient
franchir les troupes françaises. Accablés de fatigue,
décimés par la mitraille, ces braves périrent presque
tous dans ce formidable combat aux cris de : « Vive
la France ! Vive l'Empereur ! » C'est au plus fort de
cette terrible action que le général ennemi, voyant les
pertes cruelles des Français, somma le maréchal Ney
de se rendre... Le maréchal Ney répondit à cette
injonction en franchissant les lignes ennemies.

En apprenant le retour de Ney, l'Empereur qui le
croyait perdu s'écria : « J'ai deux cent millions dans
mes caves, aux Tuileries. Je les aurais donnés pour
le maréchal Ney. »

Mais l'héroïsme, auxiliaire du génie, s'il était encore
assez puissant pour retenir la gloire sous les drapeaux
de Napoléon, ne peut rien contre la fortune qui s'en
éloignait de plus en plus, qui le trahit et l'accabla
chaque jour davantage.

Pour faire choir un homme comme Napoléon, il
fallait une commotion violente et universelle qui tour-

nât contre lui les intérêts, les passions, les éléments.
Il fallait une conjuration qui se manifesta par quelque
grande catastrophe...

Cette catastrophe était arrivée.

.·.

Ida Saint-Elme, pendant toute cette longue campagne, n'avait pu apercevoir une seule fois le maréchal
Ney.

Elle ne s'était cependant exposée à de graves
périls que dans ce seul espoir : aussi le chagrin qu'elle
en éprouva fut-il immense. Un hasard heureux le lui
fit enfin rencontrer.

Il marchait rapidement, parlant avec véhémence et
paraissant donner des ordres.

Sa maîtresse, sous ses vêtements d'hommes,
déguenillée, craignait qu'il ne la reconnût pas dans
l'état lamentable où elle se trouvait.

Mais le Maréchal ne s'y trompa pas.

« — Que faites-vous ici ? » s'exclama-t-il avec
colère. « Que voulez-vous ? Éloignez-vous vite ! »

Surprise par cette apostrophe inattendue, Ida
ne sut trouver en réponse ni un mot, ni une
excuse.

Ney continua de lui adresser de courtes et sévères
réprimandes sur son imprudente manie, sur sa rage
de le suivre partout.

« — C'est une rage, en effet — dit-elle — mais ce
n'est pas, du moins, celle qui résulte de l'espoir des
plaisirs, ni de la vanité de celle qui semble les chercher : » Elle montrait ses vêtements grossiers, son
visage flétri par les fatigues.

Ney feignait de ne point comprendre. Son mécon-
tentement de la rencontrer en ces circonstances était
si grand qu'il ne déguisait plus sa fureur sous les
expressions courtoises dont il usait volontiers, même
envers ses plus cruels ennemis.

« En 1813, dit Ida, quand je rappelai au maréchal
Ney cette scène d'une fureur si violente, suivie d'un
silence et d'un abandon si cruel, il me dit qu'il avait
été si mortellement effrayé de l'extravagance qui
m'avait poussée au milieu de tant de périls et des
licences d'une armée qu'il avait été même tenté de me
battre. En vérité, la tentation avait été si vive, qu'il
y avait, *je crois*, cédé un peu. »

« — Pauvre Ida, » lui disait le héros de la Moscova,
« comment étiez-vous affublée, ce vilain jour-là ?

— Laide, n'est-ce pas, à faire fuir un Cosaque,
peut-être ?

— Laide......, oui, mais, certes, d'une laideur divine, toute de passion, belle toujours d'énergie, de sensibilité, de désintéressement. »

Ida repassant la frontière française, se dirigea droit sur Paris. Mais elle n'y resta que quelques jours, et comme il lui tardait de reprendre sa vie tranquille de Florence, elle se mit aussitôt en route pour l'Italie.

*
* *

Après avoir passé à Nice sans y séjourner, elle s'arrêta à Gênes et repartit immédiatement pour Pise où elle savait retrouver la grande-duchesse.

« — Eh! mon Dieu! ma pauvre lectrice — lui dit celle-ci — qu'avez-vous fait, qu'êtes-vous devenue pendant un si long congé?

— J'ai été à Moscou, j'ai fait la campagne de Russie, j'ai, moi aussi, passé la Bérésina.

— Et vous avez échappé au danger! Les Français n'ont point été vaincus, n'est-ce pas?

— Vaincus? Jamais! Napoléon et Ney n'étaient-ils pas là. Mais il y a eu quelque chose de plus puissant que le génie, de plus fort que la valeur fran-

— 145 —

çaise : le froid ! J'ai vu Murat, j'ai vu le prince Eugène, j'ai vu l'Empereur, je les ai vus, en braves, se battre comme des soldats dans les cyclopéennes mêlées, dans les combats, ils se dressaient comme s'ils eussent été des géants. Mais, plus tard, je les ai vus comme des malheureux. »

Il avait fallu la coalition de la nature entière, la révolte de tous les éléments, pour vaincre cette armée magnifique qui, dans son abattement, avait gardé quelque chose de la France.

Le malheur et l'adversité semblaient avoir grandi les soldats dont l'immense éclat de rire sonnait dans la défaite comme un coup de trompette de victoire.

La foi dans l'avenir de l'empire durait encore, mais elle commençait à être moins vivace. Les nécessités d'une guerre générale avaient ramené la cour de Toscane à un esprit d'économie, presque de parcimonie, contrastant singulièrement avec les largesses du passé. De là, diminution de sympathie, refroidissement de l'enthousiasme de tout un peuple de parasites de cour.

La troupe théâtrale de la cour avait été supprimée, les artistes français avaient quitté Florence, et quelques autres absences avaient jeté un grand vide dans l'existence d'Ida.

Plus de fêtes à Florence, et Florence sans fêtes
était devenu une ville morte. Ida n'y resta pas ; elle
résolut de visiter un autre coin d'Italie qui lui était
encore inconnu : l'Illyrie.

Elle traversa rapidement Venise et arriva en Dal-
matie.

La nouvelle du désastre de Moscou s'était répan-
due en Europe, et, déjà Napoléon, pressé de réunir
autour de lui toutes les forces morales qui avaient
contribué au développement de sa gloire, retirait de
ces provinces, abandonnées d'avance, l'élite des
hommes d'état et des capitaines.

Le comte Bertrand, gouverneur de l'Illyrie, venait
d'être appelé auprès de l'Empereur, et remplacé par
Junot, duc d'Abrantès.

Ida arriva bientôt à Trieste, et le lendemain même
de son arrivée, dîna chez le duc d'Abrantès au palais
Saint-Charles.

On a beaucoup parlé du duc d'Abrantès. Peu
d'hommes de guerre ont mérité par des faits d'armes
plus éclatants d'être immortalisés. Mais il serait
injuste de ne voir en lui qu'un soldat vulgaire. Il se
tenait à merveille dans un salon. Il était d'une habileté surprenante à l'escrime et avait à la danse
quelques prétentions d'ailleurs justifiées. Il était

moins fier de ses succès militaires que de ses succès
au billard.

La décadence morale de Junot, déjà très avancée,
apparaissait clairement aux dîners d'apparat qu'il
donnait. Très poli et affable, il s'animait tout à coup
jusqu'à la brusquerie et jusqu'à la violence. Il cherchait en vain à être gracieux, ses caresses blessaient.
Il ne s'appartenait réellement plus. Sa raison lui
échappait.

Le lendemain d'un de ces dîners, le duc d'Abrantès
se fit annoncer chez Ida :

« — Avez-vous bien dormi ? » lui demanda-t-il
brusquement.

Et sur la réponse affirmative d'Ida Saint-Elme :

« — Quoi ! aucune pensée, aucun sujet de trouble,
aucun bruit intérieur...

— Ah ! si vraiment. Un réveil enchanteur, délicieux, qui m'a plongée dans les pensées les plus
douces, le chant d'un rossignol !

— Le chant d'un rossignol ! » s'exclama le duc.
« Il est donc vrai ! ce rossignol me poursuivra partout ! Je n'irai plus nulle part sans être réveillé par ce
rossignol. Oh ! cela ne peut durer ainsi ! Je ferai
connaître au monde ce que peuvent la colère et la
vengeance du frère d'armes de Napoléon... »

Et il s'enfuit, laissant Ida stupéfaite de ce qu'elle
venait d'entendre.

Quelques heures après, le tocsin sonnait, la générale battait dans toutes les rues ; deux bataillons de
Croates étaient mis sur pied pour traquer dans le
jardin de Saint-Charles le rossignol qui avait inter-
rompu le sommeil d'Ida Saint-Elme.

Le duc d'Abrantès était fou.

CHAPITRE IX

Ida partit pour la Styrie. A Gratz, elle fit une visite à Louis Bonaparte, l'ancien roi de Hollande. C'était presque un compatriote, Ida ayant été naturalisée en Hollande. Louis Bonaparte fut extrêmement bienveillant pour elle et lui donna une franche hospitalité, ainsi qu'il avait coutume de faire envers les étrangers. Louis Napoléon était très aimé à Gratz où il menait l'existence d'un riche bourgeois.

« Il avait, nous dit Ida, une figure douce. Ses traits,

jeunes encore, portant l'empreinte des peines et des
soucis qui avaient rempli sa carrière, donnaient à
sa personne un caractère de profonde mélancolie. »

Louis Napoléon était fort charitable ; il n'y avait
pas en Styrie une institution pieuse, un établissement
utile, une pauvre famille qui n'ait eu à le remercier
de ses bienfaits.

L'Autriche, de nouveau, était soulevée et se révoltait ouvertement contre la nation française. Ida se
vit obligée de partir, et aussitôt, elle reprit la route
de Laybach, à travers quelques partis qui commen-
çaient à se jeter dans la Carinthie.

A son arrivée, elle demanda une audience au duc
d'Otrante qui avait remplacé le duc d'Abrantès, et
cette audience lui fut accordée sans retard.

Fouché la reçut immédiatement, Fouché, l'âme
damnée de Napoléon, celui que l'on pouvait considérer comme le principal artisan de son divorce.

Il conduisit Ida à un fauteuil avec une galanterie
dont on était toujours disposé à lui savoir gré parce
que la nature ne l'avait comblé ni du côté du caractère, ni par la beauté du visage ; c'était un homme
fort réservé dans ses paroles, qui étaient étudiées, et
dans ses manières, qui étaient prudentes.

Le gouverneur, très occupé à la rédaction du journal officiel, ne porta d'abord que peu d'attention à Ida Saint-Elme, puis, son travail terminé :

« — Excusez-moi, je vous prie, Madame, » lui dit-il. « Je reçois ce soir, j'espère que vous serez des nôtres et vous nous ferez grand honneur, car je sais que vous dansez à merveille... »

Puis il ajouta :

« — Cela, je l'ai entendu dire à Moreau. C'était mon compatriote, mon ami, un homme de bien, incapable, je pense, de l'indigne trahison qu'on lui attribue ; et, à propos, en savez-vous quelque chose de cette trahison ?

— Non, Monseigneur, » répondit Ida. « Et, franchement, je crois Moreau incapable de commettre la moindre forfaiture.

— Pourtant, » dit Fouché paraissant penser tout haut, « cette nouvelle me semble certaine. Nous avons une armée de prisonniers en Russie. Or Moreau s'est montré à ces troupes, tout à coup délivrées de leur esclavage, comme un nouveau souverain. Moreau, couronné sous le nom de Victor Ier dans le camp de l'ennemi, sous les drapeaux aux trois couleurs ; Moreau, engagé par un traité de paix honorable avec l'étranger par des promesses de liberté pour l'intérieur,

opposerait, certainement à l'Empereur le plus grand
obstacle qu'il ait rencontré dans sa glorieuse carrière. Ce
serait là, il faut l'avouer, une abominable tactique... »

Fouché avait dit cela avec un calme extraordinaire...

Le bal donné par le duc d'Otrante n'était certainement pas banal, par le mélange de deux sociétés.
D'un côté, le monde moderne de l'Empire, de l'autre,
tous les insignes des vieilles villes d'avant 1789. Les
chanoinesses autrichiennes, austères avec leurs rubans
et leurs médailles, y étaient mêlées aux Françaises,
aux Italiennes, vives, étincelantes de jeunesse, de
beauté et d'élégance.

Ida apprit ce soir-là la mort de Junot. Il s'était
jeté par la fenêtre, après avoir essayé, dans son délire,
de se faire l'amputation de la cuisse pour une blessure imaginaire.

Il mourut comme il avait vécu, dans une sorte
d'illusion héroïque, rêvant de gloires anciennes et de
triomphes futurs.

. . . .

Ida Saint-Elme retourna à Florence où elle ne fit
que passer et revint à Paris : elle arriva dans la capitale en novembre 1813. Ce fut à cette époque qu'elle
fit une visite à Regnaud qui la reçut d'une façon fort

aimable : Il était cependant triste, découragé. Napoléon tombait. L'Empereur ne se soutenait alors que par son prestige, par la force de son épée, toujours redoutable, jamais lasse, et qui, malgré ses revers de fortune, épouvantait encore l'Europe.

« — Dans toutes vos courses, » dit Regnaud, « vous n'avez pas entendu parler d'une proclamation du comte de Provence ? Nous sommes sûrs qu'on en répand de nombreux exemplaires. Les soldats les lisent et les maréchaux en font l'objet de leurs méditations.

— Mon ami, » répondit Ida avec fierté, « je ne connais pas la personne dont vous me parlez, et je crois qu'à l'armée toute autre proclamation que celle de l'Empereur ne serait pas bien accueillie.

— Vous vous trompez... Il vient un temps, hélas ! où le dévouement s'altère, où l'attachement au principe des institutions se modifie. »

Le lendemain même de sa visite à Regnaud, Ida rencontra Ney, qui descendait les Champs-Élysées.

« Ney me reconnut le premier, dit-elle, et ce mouvement m'apprit qu'il n'avait pas conservé une mauvaise impression de notre dernière rencontre. Ma vue et le rayon de joie qu'elle jeta sur son visage firent mieux apparaître les soucis qui le chargeaient. Il avait fait arrêter sa voiture, il en descendit et nous causâmes sous les arbres dénudés. Son front ne se dérida un peu qu'en m'entendant parler de ses enfants, sa plus chère pensée, son seul orgueil. Il insista même sur le plaisir qu'il aurait à me les faire connaître et à me les montrer. Ney n'avait pas d'amour pour moi, il en avait au contraire beaucoup pour sa noble épouse. Il avait dans son épanchement d'amitié une bonté et un naturel qui me pénétraient. Il mêla avec une simplicité touchante le nom de son vieux père, de sa femme, de ses enfants, aux souvenirs de ses victoires ! »

Cette entrevue se termina par une promenade galante à la campagne.

Et comme Ida, pendant cette partie, lui parlait des manifestes du comte de Provence :

« — J'en ai reçu, » lui dit-il. « On jette beaucoup de papier dans l'armée. On ferait mieux d'en fabriquer des cartouches. Les généraux, les officiers ne prennent pas au sérieux toutes ces proclamations. Mais l'Empereur y attache de l'importance et le gouvernement a le tort de s'en occuper... Fouché passe pour être à la tête de ces machinations. Si l'Empereur, au lieu de l'envoyer en Illyrie, l'eût fait fusiller, il n'aurait pas pris une précaution inutile. Ceux dont il a cru se faire des amis : Talleyrand, Fouché et bien d'autres le tra-

hissent. Il verra ! il verra ! Heureusement le bruit
du canon éloigne les oiseaux de proie. Le soleil leur
fait peur ! Tant qu'il restera à l'Empereur un soldat
et un canon, il pourra dormir tranquille. Après Leip-
zig, il n'avait vraiment plus d'armée ; mais il en
retrouvait une de courtisans... Belle ressource que
les harangueurs du sénat, du conseil d'État, des corps
administratifs ! ... L'Empereur était trop bon, trop
facile, trop crédule... Pour sabrer les Prussiens, on
n'avait pas besoin de valets dorés. C'était au peuple,
sa vraie force ; aux soldats, ses vieux amis, que
Napoléon devait uniquement s'adresser. »

Ney parlait sincèrement... et pourtant, ô triste
retour des choses d'ici-bas, c'est à Louis XVIII qu'il
fit le serment de ramener son ancien souverain « pieds
et poings liés. » Pourquoi ce brusque revirement ?...
Mais n'anticipons pas sur les événements auxquels
fut mêlée Ida Saint-Elme.

*
* *

1814 ! époque mémorable, date la plus triste des
annales du premier Empire ! Temps funeste marquant
la fin d'une gloire qui éblouissait l'univers, éphémé-

ride inscrite sur l'une des pages les plus sombres de l'histoire de Bonaparte !

Le roi de Naples venait de signer un armistice avec l'Angleterre et une alliance avec l'Autriche. Monstrueuse ingratitude en même temps que détestable politique pour lui-même. Cette nouvelle humiliante emplit d'affliction le cœur d'Ida. Elle pensait à la cour de Naples, à celle de Florence ; à la grande-duchesse Élisa, si bonne pour elle, et qui devait à ce moment souffrir cruellement de l'abominable conduite de sa sœur la reine Caroline.

Cependant les armées alliées avaient passé la frontière.

La campagne de France commençait. En divers points du territoire de l'Empire, les vœux étaient pour le prompt rétablissement de la royauté. A Paris même, on espérait la restauration du trône.

Mais si la noblesse et la société bourgeoise étaient hostiles à Napoléon, l'Empereur avait pour lui le peuple tout entier. Ni la misère, ni les perfides manifestes royalistes, ni les propos malveillants, ni les nouvelles alarmantes ne trouvaient d'écho dans la foule et ne provoquaient un cri de haine contre l'Empereur. Et si les gens des campagnes se soulevaient aux cris de : « A bas les droits réunis ! vive l'Empereur ! », c'est que Napoléon représentait, aux yeux des paysans, la Révolution française. La nation craignait de voir renaître, avec la royauté restaurée, les privilèges abolis par la Révolution.

Napoléon, fin diplomate, sut tirer parti de cet état d'esprit. Partout, par son ordre, retentissaient les accents de la *Marseillaise*. Il sut exalter dans les masses profondes du peuple, à l'aide des mots flamboyants rappelant les gloires du passé et le génie conquérant des Français, les sentiments virils qu'intuitivement il sentait sourdre dans l'âme de la nation. Le suprême moment attendait le suprême effort.

Dans l'immortelle campagne de France, qui, avec la campagne d'Italie, est considérée comme le chef-d'œuvre militaire de Napoléon, le maréchal Ney n'eut pas de commandement déterminé. Il fut de la suite de l'Empereur, qui comptait sur lui pour soulever les populations lorraines en arrière des armées ennemies.

Cependant, à la bataille de Brienne, en janvier 1814, Ney, à la tête d'un corps d'armée réduit seulement à six bataillons, détermina la retraite de l'ennemi. Il se distingua brillamment à la Rothière et à Dieuville. Là, on se battit *dix contre un*. De Champaubert à Montmirail et à Château-Thierry, il com-

manda avec une rare énergie ces soldats imberbes,
jeunes troupiers dont quelques-uns n'avaient pas dix-
sept ans !...

Il combattit sur la Seine et s'approcha de Paris,
déjà investi.

Ida Saint-Elme, toujours en habits d'homme, s'était
rendue à Château-Thierry. Mêlée aux troupes, elle y
courut parfois de réels dangers. Mais Ney, qui avait
appris sa présence aux armées, lui intima l'ordre de
rentrer au plus tôt à Paris. Elle obéit, et, sur sa route,
acheta un cheval à un paysan qui, après l'avoir atten-
tivement examinée, laissa échapper cette naïve excla-
mation :

« — Mais, *Monsieur*, vous êtes une femme !

— Oui, » répondit Ida, « je suis une femme, mais
une femme qui a vu le feu, *et n'a peur de rien* ni de
personne ! »

A Paris arrivaient les plus désolantes nouvelles.
L'Empereur, presque toujours vainqueur, était cependant obligé de reculer, de reculer toujours.

En retraite, cette armée autrefois invincible ! Reculer ! reculer !

Pourtant, Napoléon se rendait compte du désastre.

Les armées ennemies s'avançaient sur Paris. Les
défenseurs de la ville attendaient impatiemment l'ar-

rivée de l'Empereur, espoir suprême de la patrie dont
le sol frémissait sous la botte de l'étranger.

Le 30 mars 1814, à midi, le roi Joseph, oublieux
de ses devoirs les plus sacrés de prince, de Français
et de soldat, envoya au général Marmont l'ordre de
traiter avec l'ennemi de la capitulation de Paris. Ce
fut une faute grave, presque une trahison. Paris pouvait encore tenir quelques jours et attendre l'arrivée
de Napoléon.

Dans la soirée du même jour, le fait fut connu.

« Je rentrai chez moi, dit Ida, versant des larmes
brûlantes sur notre gloire militaire perdue ; sur la
honte de notre capitale occupée par l'ennemi... Je ne
vis pas le défilé des troupes russes, autrichiennes,
prussiennes arrivant par la barrière de Pantin, suivant le faubourg Saint-Martin, les boulevards et les
Champs-Élysées où eut lieu une grande revue. J'appris qu'un morne silence, dans les quartiers populeux
où les fenêtres et les boutiques restèrent closes,
accueillit le passage des soldats étrangers. Quelques
cris de « Vive l'Empereur Alexandre ! Vivent les
alliés ! » se firent entendre. Les patriotes protestaient
par leur silence... Mais dans les quartiers riches, les
cris devinrent plus nombreux. Il s'y mêlait les cris
de « Vive le roi ! Vivent nos bons amis les alliés ! »

— 161 —

poussés par les royalistes en délire qui suivaient l'état-major des corps ennemis en acclamant leurs troupes. O honte ! »

Le glas de l'Empire sonnait déjà. Les trames de Talleyrand, ses intrigues avec les royalistes dans le but de placer le comte de Provence sur le trône commencèrent, ou plutôt continuèrent. Enfin le Sénat vota la déchéance de Napoléon.

L'Empereur songea alors à en appeler une dernière fois à la décision des armes. Mais les objurgations qu'il adressa aux généraux, ses compagnons de gloire, restèrent vaines et n'eurent aucun écho.

Napoléon se décida alors à abdiquer. Mais cette abdication en faveur du roi de Rome son fils fut rejetée et n'eut pas d'effet. D'autre part, les alliés consentaient à laisser proclamer roi par le Sénat le comte de Provence, sous le nom de Louis XVIII, alors que la souveraineté de l'île d'Elbe était ironiquement attribuée a Napoléon !..

Ida Saint-Elme assista aux tristes et célèbres adieux de Fontainebleau ; nous lui laisserons raconter les impressions qu'elle ressentit en cette pénible journée.

« J'arrivai à Fontainebleau le 6 avril au matin ; Napoléon y restait l'Empereur pour tout le monde. Dans les galeries, dans les salons du Château, on se pressait autour de lui. Mais la véritable fidélité, le zèle désintéressé et le dévouement aveugle n'existaient plus que dans les cœurs militaires dont le malheureux Empereur était entouré.

« Napoléon, en présence des coups répétés qui le frappaient, montrait un calme stoïque. Lorsqu'il apprit que le Sénat avait proclamé Louis XVIII, il jugea cet événement avec un sang-froid imperturbable :

« — Le roi est âgé et souffrant, dit-il. Il ne voudra pas, je pense, attacher son nom à un mauvais règne.

« Puis s'adressant à ses officiers et les regardant fixement :

« — Messieurs, dès que je ne reste pas avec vous et que vous avez un autre gouvernement, il faut vous y attacher franchement et le servir aussi bien que vous m'avez servi. Je vous y engage et vous l'ordonne même.

« Belles et touchantes paroles du héros vaincu, dégageant de leurs serments ceux trop empressés déjà à les oublier. Car l'esprit de défection s'était rapidement propagé parmi les chefs, à la nouvelle de l'abdication impériale. »

C'est ainsi que, du 7 au 16 avril, le *Moniteur* enregistra, adressées au gouvernement provisoire, puis à

Louis XVIII, les proclamations ou les adhésions
des maréchaux Augereau, Oudinot, Kellermann et
Lefebvre, des généraux Nansouty, Milhaud, La Tour
Maubourg et bien d'autres.

Les soldats, eux, n'acceptaient pas aussi facilement
le nouvel ordre de choses. Lorsque l'abdication fut
lue aux troupes à Fontainebleau, elle provoqua une
explosion de colère et d'indignation qui se traduisit
par une petite manifestation. Dans la nuit du 7 au
8 avril, les régiments de la vieille et de la jeune garde
se mutinèrent, sortirent en armes de leurs casernes,
parcoururent la ville et se portèrent vers le Château
aux cris répétés de « Vive l'Empereur ! A bas les
traîtres ! A Paris ! » Les officiers eurent beaucoup de
de peine à les faire rentrer dans leurs quartiers.

Napoléon eut un instant la pensée de mourir. Il
avala une forte dose d'opium, mais, pris de vomisse-
ments, il rendit le poison.

Enfin, le 20 avril 1814, l'Empereur rassembla ses
fidèles dans la cour du château et leur fit de tou-
chants adieux.

Il était pâle et sa voix était altérée, il tremblait
d'une visible émotion quand il dit : « Quelques-uns
de mes généraux ont manqué à leurs devoirs ». Alors
un murmure courut dans les rangs. Napoléon faisait

une allusion directe à la récente trahison de Marmont, qui avait précipité les événements et préparé
l'avènement au trône du roi Louis XVIII.

Ida reprit tristement le chemin de Paris. A la barrière, on l'arrêta pour lui demander son passeport.

« — D'où venez-vous ? » questionna la sentinelle.

« — De Fontainebleau.

— Étiez-vous attachée à Napoléon ?

— De cœur, mais non de service, » répondit bravement Ida Saint-Elme, et quelques instants après, elle
était de nouveau dans un appartement d'hôtel, rue du
Bouloi.

CHAPITRE X

« J'avais le cœur oppressé, écrit Ida. Témoin des grandes scènes de Fontainebleau, ayant vu de près la chute de l'aigle, j'avais peine à croire à la réalité de tant de catastrophes. »

Elle chercha à voir Ney, et finit par le rencontrer. Tous deux étaient gênés, s'efforçant de ne pas faire allusion à la situation actuelle, mais la conversation fut amenée sur ce sujet par Ida :

« — Est-il vrai, » demanda-t-elle, « que vous ayez conseillé à l'Empereur d'abdiquer ?

— Oui, mon devoir était d'agir ainsi.

— Comment, mon ami, avez-vous pu dire à Napoléon de dures vérités alors que le triste spectacle de ses malheurs eût dû vous désarmer ?

— Des vérités, oui ; mais jamais de dures paroles prononcées par moi n'ont insulté à son infortune ! Seulement j'ai exprimé mon opinion avec toute la franchise de mon caractère. Oui, j'ai conseillé l'abdication, car devant la France devait s'effacer l'Empereur. Je vous ai fait connaître bien des fois mon opinion à ce sujet. Je ne regarde pas les hommes qui gouvernent, mais je vois mon pays, seul ! »

. . . .

Ida Saint-Elme connaissait Carnot depuis longtemps déjà. Dès le commencement de la Révolution, elle en avait entendu parler en termes si louangeurs et par des hommes dont le jugement avait à ses yeux un tel prix, qu'elle ne le rencontrait jamais sans lui témoigner ostensiblement cette déférence, qui, de la part des femmes, évoque toujours dans les cœurs les plus austères un souvenir gracieux.

Elle fait ainsi son portrait :

« L'Organisateur de la Victoire n'était pas beau.

Il avait un visage sec et long, froid et glabre. Mais c'était lui qui, silencieusement, du fond de son cabinet au comité de salut public, avait organisé les forces militaires de la France, et lancé sur l'Europe les quatorze armées de la Convention qui nous permirent de vaincre l'Europe coalisée. C'est pourquoi je regardais Carnot avec cette curiosité qu'excite une médaille antique, représentant un personnage célèbre.

« Carnot, ancien officier du génie, avait concentré la première activité de son âme dans l'étude des sciences exactes. La retraite, les calculs, la méditation et la solitude avaient naturellement porté son esprit à la recherche et à l'adoption des idées nouvelles. La république était un problème qu'il avait cherché longtemps et qu'il croyait avoir résolu. Il arrivait à l'enthousiasme par les plus profondes méditations, réduisait la société à une équation et s'enflammait ensuite, quand il se croyait sûr de son fait. Chez la plupart des hommes, la raison tempère les élans d'une nature impétueuse. Chez Carnot, la raison était, en quelque sorte, le feu sacré qui animait ses passions. On a beaucoup parlé de sa conduite pendant la Révolution. Je n'ai ni la prétention de la juger, ni même celle de la connaître. Il l'a expliquée lui-même en disant :

« — J'ai signé sans lire !

« Mais j'ai l'intime conviction que Carnot n'a rien
fait que de rigoureusement juste à ses yeux. Cœur
bon et simple, il n'a jamais obéi à un intérêt personnel, et chez lui l'homme disparut toujours devant le
citoyen. Il était d'un caractère sérieux ; naturellement
ennemi des plaisanteries et des distractions futiles,
mais rempli de bienveillance indulgente pour les faiblesses de ses amis. »

Carnot avait généreusement mis à la disposition de
Napoléon malheureux son épée et ses talents militaires.

Et comme, un jour, Ida lui parlait des longs
voyages qu'elle avait faits afin de se consoler de la
perte de ses illusions :

« — Hé bien ! moi, « répondit-il, » pour me distraire de mes chagrins politiques, j'ai employé un autre
palliatif : la solitude. Consolé par mes livres, retran-
ché dans mes principes, j'ai résisté aux brillantes
folies d'un despote, qui pouvait être incomparable
comme Washington et qui a préféré n'être grand
que comme César. N'en disons plus de mal toutefois : il est tombé. Ce n'est plus de ce côté que
viendra le péril... Si je suis venu à Napoléon c'est
que la patrie parlait trop à mon cœur pour que je

restasse oisif, tandis que tout s'agitait autour de
moi.

Puis Carnot lut à Ida Saint-Elme le mémoire justi-
ficatif de sa conduite pendant la Révolution.

Ces pages intéressantes furent pendant les Cent-
jours, et sur l'ordre de Napoléon, profusément
répandues dans le public.

Outre son mémoire, Carnot lui lut quelques pages
admirablement écrites, parmi lesquelles les vers sui-
vants, mis plus tard en musique par le maëstro
Romagnesi.

Ils ont pour titre : *Le Rêve*[1].

> Un soir, accablé de tristesse,
> Je me couchai sous un ormeau ;
> D'un songe alors la douce ivresse
> Pour moi vint changer tout en beau.
> A mes yeux tout était prospère,
> J'étais protégé des amours.
> Je possédais le don de plaire !
> Que ne peut-on rêver toujours !
>
> La terre parée et féconde,
> N'exigeait pas de durs travaux ;
> Ainsi qu'aux premiers jours du monde,
> Les riches gardaient leurs troupeaux,

1. *Le Rêve*, poésie du général L. Carnot, musique de Romagnesi, se trouve dans le 2ᵉ volume des œuvres de ce composi-
teur.

Sous les cabanes de feuillages
Les humains fixaient leurs séjours.
Les amants n'étaient pas volages !
Que ne peut-on rêver toujours !

Mais un bruit semblable au tonnerre
Vient m'arracher à mon sommeil,
La félicité mensongère
S'évanouit à mon réveil.
De mon erreur plus de vestige.
Adieu charmes ! Adieu beaux jours !
Tout ce que je revois m'afflige !
Que ne peut-on rêver toujours !

Ida ne parla pas à Carnot de son projet d'aller visiter Napoléon à l'île d'Elbe. Elle lui fit part seulement de son intention de voyager à Marseille, Toulon et dans toute la Provence.

Carnot, après lui avoir fait promettre de le revoir avant son départ, l'assura qu'elle pouvait compter sur des lettres de recommandation pour ses amis du Midi et, après un échange de propos fort aimables, ils se séparèrent.

Avant son voyage à l'île d'Elbe, Ida Saint-Elme se trouva mêlée à un événement assez important; nous voulons parler des obsèques de Mlle de Raucourt, l'une des actrices parisiennes dont le talent si personnel passionna longtemps la foule.

Cet incident fit un bruit immense dans Paris. La

politique sut profiter habilement des premières
défiances qu'avait jetées dans les esprits l'intolérance
religieuse renaissante.

De ce jour, on commença à regretter l'Empire et
ses franches rudesses à l'égard de l'Église. Après
avoir murmuré tout bas, on cria tout haut contre le
clergé. Les satiriques s'en mêlèrent et plus d'un refrain
acerbe retentit dans les goguettes des faubourgs.

A propos du scandale qui se produisit en cette
journée du 16 janvier 1815, nous trouvons dans les
Mémoires d'Ida Saint-Elme une chanson de Désau-
giers qui ne fut imprimée d'ailleurs que dans les
dernières éditions des œuvres du poète.

Voici cette chanson :

CADET BUTEUX

A L'ENTERREMENT DE MADEMOISELLE RAUCOURT.

Air : *Faut d'la vertu pas trop n'en faut.*

Faut êtr'dévot, pas trop ne l'faut,
L'excès en tout est un défaut,
Vlà c'que les paroissiens en masse,
Devant Saint-Roch criaient, l'aut'jour ;
Et moi, sans trop savoir c'qui s'passe,
Bien plus fort qu'eux j'crie à mon tour :
Faut êtr'dévot, etc.

— 173 —

On m'dit qu'c'est une actric' qu'est morte,
Et qui d'mande un *De Profundis;*
Mais on n'veut pas l'y ouvrir la porte,
Du ch'min qui mène au paradis...
Faut êtr'dévot, etc.

Pourquoi l'corps de c'te pauvre femme,
D'l'église serait-il banni;
Puisqu' huit jours avant d'rendre l'âme,
Elle avait rendu l'pain béni,
Faut êtr'dévot, etc.

Plus d'un' fois, avec son aumône,
Saint-Roch secourut l'indigent...
Pourquoi donc r'fuser la personne,
Dont on n'a pas r'fusé l'argent?
Faut êtr'dévot, etc.

N'y a qu'un' dévotion qui soit bonne,
C'est cell'qui nous dit d'fair'le bien...
J'aime mieux un païen qui donne,
Qu'un chrétien qui ne donne rien.
Faut êtr'dévot, etc.

Parc'qu'elle a joué la tragédie,
L'Église ne veut pas l'avouer,
J'tez donc Racine à la voirie,
Car c'est l'y qui la l'y f'sait jouer.
Faut êtr'dévot, etc.

J'savons par cœur notre Évangile,
Et j'n'y voyons pas que, dans l'ciel,
Sémiramis, Crispin et Gille,
Soient proscrits par l'Père Éternel.
Faut êtr'dévot, etc.

Voyez un peu l'danger d'l'exemple;
A l'instant je r'cevons l'avis,
Que l'chien d'Saint Roch, hier, du temple,
A fait chasser l'chien d'Montargis.
Faut êtr'dévot, pas trop ne l'faut,
L'excès en tout est un défaut

*
* *

Cependant, des circonstances sans importance retardèrent le départ d'Ida pour l'Ile d'Elbe.

Elle assista chez Regnaud de Saint-Jean-d'Angély à un déjeuner où elle rencontra Charles de Labédoyère qu'elle connaissait déjà. Ils causèrent longtemps, et Labédoyère amenait peu à peu Ida à des demi-confidences lorsqu'ils furent interrompus par un autre convive, le général Cambacérès, qui lui demanda à brûle-pourpoint si elle avait eu des relations avec le général Mortier :

« — Jamais ! » répondit-elle.

Et comme Regnaud et Cambacérès insistaient adroitement :

« — Je ne connais le général Mortier, » dit-elle, « que pour l'avoir vu un instant au passage de la Bérésina ; il s'y conduisit comme dans vingt autres batailles, à

— 175 —

Anclana, à Badajoz et Gebora, en véritable général
français.

Un autre convive, vieux militaire décoré, se joignit
au groupe.

« — Mortier est bon, » dit-il, « et certainement il
doit regretter l'Empereur. Un duché et une dotation de
cent mille francs, cela peut aider à la reconnaissance ;
je suis sûr qu'il est à nous. J'eusse parié que madame, »
ajouta-t-il malignement, en désignant Ida, « avait des
relations particulières avec lui.

— Mon Dieu ! Monsieur, vous m'en supposez donc
avec toute l'armée ?

— Ce serait fort heureux, dirent à la fois Cambacérès et Regnaud. »

Comme on le voit — et il n'y avait guère que six
mois que l'Empereur avait abdiqué — les anciens officiers de Napoléon songeaient à son retour possible.

« — Pensez-vous, » demanda-t-on à Ida, « que le
maréchal Ney serait capable de tenter un coup de
main en faveur de Napoléon ?

— Je pense que... non.

— Comment, non ?

— Certes ; car Ney aime aujourd'hui son repos, et
s'il a aidé à la grandeur de la France, il voudrait
maintenant la paix et le bonheur du pays, et il ne

pense pas que cela puisse se conclure avec l'Empire et l'Empereur. Croyez-m'en, le maréchal est la franchise même, il dit ce qu'il croit et croit ce qu'il dit. En l'occurrence, il est convaincu que les peuples ont plus à perdre qu'à gagner aux révolutions de quelque nature qu'elles soient.

— Mais, pourtant, Ney ne peut haïr l'Empereur ?

— Sans doute ; mais il aime mieux la France. Le cœur de Michel Ney appartient à son pays avant de se donner à celui qui gouverne. Il envisage d'abord le bonheur public, la gloire nationale vient après. »

Ida disait vrai. C'était bien là les sentiments du maréchal.

Ce jour-là, les *conspirateurs* ne voulurent pas croire que Ney fût capable de renier Napoléon ; les événements devaient leur donner raison.

Ida partit enfin pour l'île d'Elbe. Elle suivit le chemin que l'Empereur avait parcouru pour se rendre sur la terre d'exil, et pendant le voyage, elle put prendre note des souhaits dont Napoléon avait été l'objet. A Nevers, l'Empereur avait paru consolé par les acclamations qui l'avaient accueilli depuis Fontainebleau.

« — Il n'en était pas de même des commissaires

alliés, » disait une petite femme fort jolie à Ida. « On ne leur a épargné ni les malédictions ni les outrages. »

A Villeneuve-sur-Allier, on disait presque avec des larmes :

« C'est ici que l'Empereur fut contraint de se séparer du dernier détachement de la fidèle garde qui formait son escorte. Il a refusé les Cosaques et les Autrichiens dont on voulait l'entourer, disant bien haut :

— Je n'ai plus besoin d'escorte ! Mes grenadiers étaient mes amis. Nul ne saurait les remplacer. »

A Moulins, l'Empereur déchu avait été salué par le cri outrageant de : « Vivent les Alliés ! » Au moment où Ida passa en cette ville la population paraissait s'être repentie et ceux-là même qui avaient insulté Napoléon affirmaient avoir crié : « Vive l'Empereur ! »

A Orange et à Avignon, Napoléon avait entendu autour de lui de furieux cris de : « Vive le roi ! vivent les alliés ! » Au relais d'Orgon, une émeute royaliste éclata. Les gens du pays avaient pendu à la porte même de l'auberge un mannequin ressemblant à Napoléon, avec un papier ensanglanté sur sa poitrine : effigie que les doux habitants d'Orgon tentèrent de transformer en réalité. Ces paysans féroces l'auraient certainement assassiné si les commissaires

étrangers ne l'eussent protégé. Lui, très calme, assistait impassible à ce débordement d'outrages.

Napoléon, qui avait pris l'habit d'un de ses cour-
riers, passa, vêtu de ce costume, le relais de Saint
Canat. Un peu avant d'arriver à Aix, il eut à tenir
une conversation pénible avec une femme du peuple
à qui il demandait quelques renseignements. Celle-ci,
se méprenant sur son déguisement, lui dit bruta-
lement :

« — Le peuple a résolu de tuer votre maître à son
passage à Aix. J'espère bien qu'on réussira....

— Que vous a-t-il donc fait l'Empereur, pour tant
le détester » demanda Napoléon.

« — Ce qu'il a fait, grand Dieu ! Il a tué notre
pauvre roi Louis XVI, il y a bien longtemps.... Puis,
messieurs nos vicaires nous ont dit que ce coquin de
Bonaparte avait commis depuis ce temps-là tous les
crimes.... »

C'est ainsi que germait dans l'esprit populaire la
perfide semence qu'y jetaient les ministres de Dieu !

Heureusement pour Napoléon le complot avorta,
grâce à l'attitude énergique de ses guides étrangers.

Au château de Bouillidon, près du Luc, Napoléon
trouva sa sœur, la princesse Pauline Borghèse, à

laquelle il fit ses adieux, puis il s'embarqua le 29 avril 1814 au port de Saint-Raphen.

C'est de cette ville qu'Ida Saint-Elme partit pour l'île d'Elbe. C'était vers la fin de novembre de la même année.

Napoléon passait une grande partie de ses journées à visiter ses petits États, et il mettait dans ses excursions son sérieux accoutumé. Il montait chaque jour à cheval, ce fut au cours d'une de ces promenades qu'Ida le rencontra.

« — Eh quoi ! » s'écria-t-il : « *fama volat* jusqu'à Barataria ?

— Où voulez-vous que la Renommée s'arrête lorsqu'il s'agit du grand empereur Napoléon !... »

La mer, presque à leurs pieds, les enveloppait dans l'infini de ses horizons bleus.

« — Voilà mon empire ! » dit Napoléon avec un fier sourire.

« — Oui, » dit Ida. « Votre empire est immense comme le monde. Voilà la France et voilà l'Italie. L'Afrique n'est-elle pas de ce côté ?

— L'Afrique ? Elle fut le rêve de mon enfance. Je m'imaginais quelquefois que je deviendrais le roi des îles de la Méditerranée. Quel beau rêve !

« Pour le réaliser, ajouta-t-il amèrement, il eût

fallu que j'eusse été compris; il eût fallu que je déchirasse la page où Dieu a écrit mon nom au livre de la destinée. »

Puis Napoléon se tut et demeura rêveur.

La Cour de l'Empereur n'était pas nombreuse. Elle ne se composait que d'une trentaine de personnes, et parmi elles, le maréchal Cambronne, qui s'immortalisa plus tard à Waterloo.

Ida ne resta que quelques jours à l'Ile d'Elbe, puis s'embarqua pour Marseille.

CHAPITRE XI

Après un très court séjour à Marseille, Ida revint à Paris dans les premiers jours de février 1815.

Elle trouva à son arrivée une lettre du maréchal Ney qui lui disait :

« Je compte prolonger mon séjour dans ma terre ; mais de grâce, mon amie, je vous renouvelle toutes mes recommandations de prudence... Je ne compte revenir à Paris qu'autant que j'y serai appelé. »

Ney était, depuis le 12 juin 1814, commandant du

corps royal de cavalerie, gouverneur de la 6e division militaire et pair de France.

Dans sa réponse, Ida ne lui cacha pas les impressions qu'elle avait ressenties durant son voyage et l'état d'esprit sympathique du peuple en faveur du proscrit.

Ney lui répondit laconiquement : « Ceux qui veulent un changement veulent perdre la France ; la paix est notre seul besoin. Qu'importe qui gouverne ! Ce qui importe, c'est la France, son repos et sa dignité. Ne songeons qu'à la patrie. » Ney, comme toujours, était sincère en écrivant cela. La patrie fut avant toutes choses son unique préoccupation. Sa conduite future, en de certains moments, n'a donc pu s'expliquer, et le psychologue dérouté se borne à constater les faits.

. . . .

Pendant les campagnes d'Italie et d'Allemagne, Ida Saint-Elme avait connu un jeune officier qui l'avait charmée, en de courtes entrevues, par l'éclat d'une galanterie spirituelle et toute française. Cet officier s'appelait Quesnel.

« Par une des plus piquantes singularités de ces temps, nous dit Ida, une liaison commencée à Paris dans un bal s'achevait sur un champ de bataille. On se connaissait en Italie, on se quittait en Allemagne et l'on se retrouvait en Pologne ; on se perdait pendant quelques années, et après trois ans comme à trois cents lieues de séparation, il semblait qu'on s'était encore vu la veille. Seulement, dans le trajet, le jeune capitaine était devenu général.

« Vers la fin de 1817, notre intimité, entretenue par de fréquentes rencontres et par la sympathie si électrique des mêmes regrets et des mêmes affections, avait pris ce caractère de confiance et d'abandon un peu plus sérieux cependant que les capricieuses illusions de l'extrême jeunesse. »

Et puis, Ney n'était pas là !

Pouvait-on vraiment demander, d'ailleurs, à une jeune femme, d'une nature ardente et passionnée comme l'était Ida Saint-Elme, une épreuve d'inaltérable fidélité, et qui donc aurait pu lui reprocher d'avoir cherché quelques distractions compensatrices en dehors de l'amour qu'elle ressentait pour le maréchal Ney. Les longues absences de celui-ci rendaient en quelque sorte la liberté au cœur d'Ida.

Elle dînait un jour chez Quesnel qu'elle trouvait un peu soucieux.

« — Je pense, » lui disait-il, « à une audience qui me tourmente.

— Avec qui ?

— Avec M. le duc d'Angoulême.

— Ah ! mon Dieu ! Allez-vous aussi nous produire une de ces proclamations boursouflées, des grands mots de tyran et d'usurpateur ?

— Vous croyez sans doute parler à Augereau, ma chère, détrompez-vous ; je crains, au contraire, de n'être mandé que parce qu'on croit deviner que je pourrais bien, le cas échéant fabriquer des proclamations... d'une autre espèce.

— Et si vous alliez être arrêté ?

— On ne fait pas de ces choses-là aux Tuileries ; mais cela serait, qu'il faudrait y aller tout de même. » Et en effet, une heure après, le général Quesnel était chez le duc d'Angoulême.

Ida ne le revit plus et fit part de ses inquiétudes à Regnaud de Saint-Jean-d'Angély, qui lui répondit :

« — Depuis que le général Quesnel a été reçu en audience par le duc d'Angoulême, je ne l'ai pas revu. Je ne m'en étonne pas. Il s'est trouvé peut-être dans une de ces situations délicates dont on veut supporter seul l'embarras. »

Le jour de cette conversation, Ida rencontra un ancien adjudant du général Lasalle. Il lui dit que

le bruit courait que Quesnel s'était noyé. Terrifiée
par cette nouvelle, Ida l'entendit ajouter :

« — Pauvre Quesnel ; il a été sacrifié peut-être.

On n'ignorait pas sa ténacité résolue. On savait
tout, on l'a escofié...»

Ayant été déjeuner le lendemain dans un café
voisin du Palais-Royal, Ida vit soudain tout le monde
se précipiter à la porte en disant :

« — Voilà la charrette qui ramène le corps du
général Quesnel qui s'est noyé.

« — Ou plutôt qu'on a assassiné d'un coup de cou-
teau à la gorge, avant de le jeter à l'eau, dit un militaire présent. Les traces du poignard dont Quesnel a
été frappé indiquent une longue lutte de la victime et
une longue opiniâtreté de la part des meurtriers. »

Cet officier s'était approché d'Ida. Il avait intuitivement compris que la jeune femme partageait ses
appréhensions. Aussi, la conversation s'étant engagée,
tous deux décidèrent-ils de se rendre chez Carnot.
Celui-ci avait appris déjà la mort mystérieuse du
général Quesnel et il leur en exprima toute son hor-
reur. Carnot répéta à ses deux auditeurs les paroles
que Napoléon aurait adressées au maréchal Augereau
lorsqu'il l'avait rencontré allant à l'île d'Elbe, entre
Lyon et Valence. L'Empereur et Augereau étaient

tous deux descendus de voiture. Après l'avoir
embrassé, Napoléon, prenant Augereau par le bras,
lui dit :

« — Où vas-tu ? A la cour sans doute ?... Ta proclamation était sotte. Pourquoi des injures contre moi ?
Il fallait tout simplement dire : « Le vœu de la
nation s'est prononcée en faveur d'un nouveau souverain : le devoir de l'armée est de se soumettre. Vive
le roi ! Vive Louis XVIII ! »

Aux approches du retour de Napoléon, Ida cons-
tata que la police était ou aveugle ou complice. « En
effet — dit-elle — j'ai surpris des signes d'intelligence faits par des officiers à l'heure même de la
parade, au mot d'ordre et sous le balcon du roi. Je
me rappelle avoir déjeuné dans les premiers jours de
mars dans un café, avec plusieurs militaires habil-
lés en bourgeois. Ils se faisaient des signes, se montraient des cocardes, des proclamations vraies ou
fausses.

« Je ne pouvais croire que si Napoléon revenait,
Ney partirait avec le roi. Je ne voyais pas trop comment il réussirait à faire cabrer le passé et le présent. »

Regnaud était du même avis.

« — Il a », disait-il en parlant de Ney, « bien durement conseillé l'abdication. Je ne sais pas trop de quel œil l'Empereur le reverrait. »

Regnaud de Saint-Jean-d'Angely avait en Napoléon une confiance aveugle et une foi inébranlable.

L'Empereur entra le 1er mars, à trois heures, dans le golfe de Juan et débarqua aussitôt à Cannes.

Regnaud se montrait inquiet sur le résultat de cette tentative.

« — Le général Marchand est à Grenoble » disait-il à Ida. « Il n'aime pas l'Empereur. Ney part pour Besançon. Le débarquement est un coup de tête dont Napoléon n'a pas calculé toutes les chances.

— Monsieur le comte », lui dit Elzélina, « tout cela me paraît un rêve.

— Eh bien! détrompez-vous, Madame. Tout cela est simplement la réalité. Mais que vous a dit, à ce sujet, le maréchal Ney?

— Ney croit que ce retour serait fatal à la France. Ney est la loyauté même; il résistera, soyez-en certain. Voilà du moins son dessein. Changera-t-il d'avis. C'est peu probable. »

Puis Ida annonça à Regnaud sa ferme intention d'aller rejoindre Ney à Besançon.

« Je partis — nous raconte-t-elle — pour ce voyage impromptu de quarante ou quarante-cinq

heures, me demandant ce que je dirais à Ney pour
ses résolutions. Je me demandais aussi quel accueil
j'allais recevoir?... Partout l'esprit des troupes suffi-
sait pour me convaincre que Napoléon n'aurait qu'à
reparaître au milieu d'elles pour être acclamé. A Lyon
flottait déjà le drapeau tricolore. Tout ce que j'appris
ne faisait qu'augmenter mes angoisses au sujet du
maréchal.

« Si j'avais moins connu le caractère de Ney,
l'étrange antipathie qui s'établit dès le premier jour
de la restauration entre ses sentiments et ses devoirs
serait encore pour moi un mystère inexplicable. Mais
quand j'ai essayé de peindre cette grande âme, une
des plus généreuses et des plus dévouées que la
nature se soit plu à former, je me suis condamnée à
reconnaître ce qui lui manquait. On a calomnié Ney
en lui supposant une préméditation. L'idée d'un
plan suivi, qui exigeait l'habitude du mensonge,
était incompatible avec la franchise d'âme et d'esprit
qui l'a toujours caractérisé. S'il oublia les engage-
ments qu'il avait pris vis-à-vis du roi, c'est que derrière la monarchie détruite par la puissance irrésistible de l'opinion, il voyait encore la patrie. »

Ida arriva à Lons-le-Saunier où elle apprit l'acte
du maréchal Ney.

Le maréchal n'avait point manifesté ce qu'on a
appelé sa défection par un ordre du jour écrit.

Cette pièce ne parut qu'après avoir été lue à la
tête des troupes sur une promenade de Lons-le-Saunier où se passaient ordinairement les revues. Les
premiers mots de ce discours ne pouvaient d'ailleurs
laisser le moindre doute : « Soldats, dit le maréchal,
la cause des Bourbons est à jamais perdue! » Cette
déclaration produisit un effet magique et officiers et
soldats poussèrent de toutes leurs forces, de toute leur
âme, les cris cent fois répétés de *Vive l'Empereur!*
Ney crut alors que le sort de la France dépendait de
lui, et il agit comme il pensait devoir agir, selon sa
conscience et sa raison, dans l'intention évidente de
ne pas livrer son pays aux terribles éventualités d'une
guerre civile qui aurait mis en présence les deux partis de l'armée.

Ida quitta quitta Lons-le-Saunier le lendemain et
rejoignit le maréchal Ney parti la veille pour Auxerre.

« — Eh bien, Ida, » lui dit-il en riant, « les événements ont tourné à vos souhaits.

— Et l'Empereur, est-il content ?

— Certes, il serait bien difficile s'il ne l'était pas !
Jamais dans les plus beaux jours de sa fortune il
ne fut salué par des acclamations aussi enthousiastes...

Cet enthousiasme je l'ai partagé. Ceux qui me blâmeront auraient agi de même à ma place, comme Français et comme militaire. Il était impossible qu'un
vieux soldat tel que je le suis ne fût pas entraîné par
le courant des affections militaires. Dans ces circonstances critiques, j'ai parlé, j'ai agi au mieux de ce que
j'ai cru être l'intérêt et l'opinion de mon pays.

L'Empereur, revenu par Fontainebleau, entra aux
Tuileries à neuf heures du soir, le 20 mars 1815.

Entouré, foulé, heurté, coudoyé, Napoléon souriait
à chaque mouvement qui le faisait trébucher en montant l'escalier des Tuileries.

Ida Saint-Elme, présente, offrit ses services et fut
aussitôt employée à porter des proclamations aux officiers commandant les principales casernes de Paris.

Montant dans son cabriolet, elle s'acquitta de son
importante mission avec sa grâce et sa vivacité coutumières.

***

Le *Journal des Débats* publia le 9 mars 1815 cet
article de Charles Nodier :

Bonaparte s'est évadé de l'île d'Elbe où l'imprudente magnanimité des souverains alliés lui avait donné une souveraineté

pour prix de la désolation qu'il avait portée dans leurs États.
Cet homme qui, en abdiquant le pouvoir, n'a jamais abdiqué
son ambition et ses fureurs; cet homme, tout couvert du sang
des générations, vient au bout d'un an essayer de disputer au
nom de l'usurpation la légitime autorité du Roi de France.

A la tête de quelques centaines d'Italiens et de Polonais, il
ose mettre le pied sur une terre qui le repoussa pour jamais...

Le seul cri de toute la France sera :

Mort au tyran ! Vive le roi !...

Le même *Journal des Débats* du 20 mars 1815
publiait cet autre article :

La famille des Bourbons est partie cette nuit. Paris offre
l'aspect de la sécurité et de la joie; les boulevards sont cou-
verts d'une foule immense, impatiente de voir l'armée et le
héros qui lui est rendu. Le petit nombre de troupes qu'on
avait eu l'espoir insensé de lui opposer s'est rallié aux *aigles*
et toute la milice française, devenue nationale, marche sous
les drapeaux de la gloire et de la Patrie.

S. M. l'Empereur a traversé deux cents lieues de pays avec
la rapidité de l'éclair, au milieu d'une population saisie d'admiration et de respect, pleine du bonheur présent et de la cer-
titude du bonheur à venir.

Point n'est besoin de commentaires !...

A son retour au trône, Napoléon choisit comme
ministres le duc de Bassano, Decrès, Gaudin, Mol-

H. LACHIZE. — *Ida Saint-Elme.*   13

lien, Coulaincourt, Davoust, Fouché et Carnot. Le choix qui se porta sur ces deux derniers bien connus pour leurs opinions républicaines semblait indiquer que l'Empereur revenait sensiblement aux idées démocratiques, ce qui ne pouvait que lui servir dans l'opinion populaire.

Dès que Ney revint à Paris, appelé pour la formation de la jeune garde, Ida reçut un mot de lui, lui donnant un rendez-vous aux Champs-Élysées. En s'y rendant, elle rencontra une affluence extraordinaire de militaires qui répétaient à l'envi :

« — Ce sont nos sous-officiers qui ont ramené le « Père la Violette ». L'Empereur sait qu'il peut compter sur ses vieilles moustaches. Entre lui et nous, c'est à la vie à la mort ! »

Ida rejoignit Ney, et tous deux se rendirent dans un restaurant de modeste apparence, sorte de petite guinguette remplie d'ouvriers et de gens de toutes sortes.

Ney était en civil, et mis très simplement.

« — Ida », dit-il brusquement, « nous nous battrons encore. Avez-vous toujours du goût pour le plus beau métier du monde ?

— Mais sans doute... Avec vous, toujours, monsieur le maréchal ! »

Autour d'eux les consommateurs manifestaient bruyamment leur joie :

« — Nous l'avons enfin, le petit homme, disaient-ils, et dans quelques jours la mère et l'enfant viendront le rejoindre aux Tuileries... »

Le lendemain, Ida assista à une revue passée par l'Empereur, et cette journée se termina par un déjeuner militaire avec la foule des frères d'armes.

On y discuta ferme sur les projets de l'Empereur et le repas s'acheva aux cris de : *Vive l'Empereur ! Vivent les braves !*

Quelques jours après eut lieu, au Champ-de-Mars, la cérémonie de promulgation de l'Acte additionnel aux Constitutions de l'Empire.

Ida était là, placée assez près de l'estrade, aux côtés d'une petite femme qui faisait, en allemand, à un petit vieux vêtu avec grande recherche, un discours empreint d'une grande malveillance. Elle appelait l'Empereur un *poltron*, un *lâche*. Ne pouvant contenir sa colère, Ida s'approcha de cette femme et lui dit en allemand :

« — L'Empereur que vous appelez un lâche est ici au milieu d'une armée de cinquante mille braves prêts à mourir ou vaincre pour lui. »

L'Empereur fit une courte proclamation, souvent

interrompue par des vivats répétés et des acclamations presque unanimes. La foule ne se lassait pas
d'admirer ces braves, ces vieux bataillons de la garde,
où, sur des rangs entiers, toutes les poitrines portaient
des blessures sous une croix d'honneur.

Cependant, le train impérial paraissait ébranlé.
Napoléon était trahi dans son propre palais par
Fouché, à l'extérieur par Murat conseillé par Caroline. Un mois après, Joachim Murat fuyait de Naples
sur un bateau de pêcheur.

« — Que Napoléon proclame la République, » disait
à Ida un ami du malheureux Quesnel. « Avec ce mot
magique, Montmartre même deviendrait un Jemmapes
ou un Valmy. Il y a chez nous dans le peuple un
fanatisme national, une haine de l'étranger, qui ferait
de chaque Français armé un héros. »

L'Empereur résolut de tenter un dernier coup de
force qui devait marquer le commencement de l'expiation.

Napoléon quitta la capitale le 12 juin, et s'ache-
mina vers la frontière belge. Arrivé à Avesnes, le
14, il y publia la proclamation suivante :

« Soldats ! c'est aujourd'hui l'anniversaire de
Marengo et de Friedland, qui décidèrent deux fois
du destin de l'Europe. Alors, comme après Austerlitz,

Ch. Thévenin inv. et sc.

"Une Amazone"

comme après Wagram, nous fûmes trop généreux ; nous crûmes aux protestations et aux serments des princes que nous laissâmes sur le trône. Aujourd'hui, cependant, coalisés entre eux, ils en veulent à l'indépendance et aux droits les plus sacrés de la France !.. »

Napoléon allait payer chèrement, sur le champ de bataille de Waterloo, ces paroles adressées aux rois coalisés contre l'aigle, jadis invincible.

CHAPITRE XII

Une campagne nouvelle allait donc s'ouvrir. Ida,
résolue à la suivre, partit de Paris aussitôt, sans en
avertir Ney, qui lui aurait certainement conseillé de
rester en France. Elle ne rencontra le maréchal qu'à
Ligny, où il avait pris position, un peu avant la
bataille du 16 juin. Ney, ainsi qu'elle s'y attendait,
l'engagea à retourner sur-le-champ à Paris, mais,
naturellement, elle n'en fit rien.

Ney, pourtant, d'abord gai — il avait dit la veille :
« J'espère que nous achèverons messieurs de l'An-

gleterre » — était maintenant soucieux. Deux jours avant Waterloo, il était bouillant d'espoir, et la veille de cette éclatante défaite, il ne pouvait cacher son inquiétude.

Ces revirements étaient fréquents chez le maréchal, · habitué à prévoir le danger, et à juger les choses d'un coup d'œil.

« Quelle plume il faudrait, raconte Ida, pour peindre ce qui se passait quelques heures plus tard !

« Waterloo fut peut-être la plus brillante des journées de batailles du prince de la Moskowa. Ney fut chargé de l'attaque du centre, au village et à la ferme de la Haie-Sainte. Appuyé par quatre-vingts pièces d'artillerie, il attaqua cette position avec son héroïsme ordinaire et s'en empara après un combat terrible. Il s'y soutint, toute la journée. Bientôt la bataille était gagnée si les Anglais n'avaient été secourus. Hélas ! Tandis que Napoléon, attendant Grouchy avec impatience, croyait voir déboucher sur le champ de bataille ses colonnes, qui auraient assuré la victoire, les trente mille Prussiens de Bulow, accourus au bruit du canon, entraient en ligne sur notre droite et sur nos derrières, bientôt suivis par trente mille autres Prussiens commandés par le vieux Blücher, qui relia Bulow à l'armée anglaise.

« Dès lors, la défaite de l'armée française n'était
plus qu'une question d'heures. Ney tenta de rétablir
le combat et de forcer la victoire à rester sous nos
drapeaux. Il mit pied à terre et l'épée à la main.
Appuyé par Friant et par Cambronne, il repoussa les
ennemis qui se trouvaient devant lui et brava le feu
d'une ligne immense. Nos soldats avaient épuisé leurs
munitions. Alors le cri fatal de « Sauve qui peut ! »
poussé par quelques traîtres et répété par des soldats
en déroute se fait entendre.

« Les lignes se rompent, les rangs se mêlent, la
déroute de l'armée commence. »

Ney, secondé par Cambronne, fit en en cette sanglante journée des prodiges d'héroïsme.

Au centre, la vieille garde, inébranlable, se défen-
dait vaillamment. Ney, un tronçon d'épée à la main,
Cambronne, et combien d'autres, officiers obscurs ou
inconnus, allaient de rang en rang, encourageaient
les soldats qui supportaient bravement de pied ferme
les décharges meurtrières de l'artillerie ennemie.
Après chaque trouée faite par les boulets, retentissait
le cri lugubre :

« Serrez les rangs !... »

Serrez les rangs !... et les soldats se rapprochaient,
les files se serraient toujours. Bientôt, ils se comp-

tèrent. La grande armée n'était plus qu'une épave
ballottée par le flot montant des forces étrangères.
Tant qu'ils purent tenir, ils restèrent là, inébran-
lables comme un roc où se rue la mer furieuse.

L'Empereur, tour à tour à pied et à cheval, suivait
d'un œil inquiet les péripéties de cette lutte fatale.
L'enjeu était sa couronne. Soudain il vit pâlir son
étoile et sentit qu'il était perdu ; alors il se jeta dans
la mêlée, cherchant une mort glorieuse à la tête de ses
braves, voulant arroser de son sang cette terre de
Waterloo, funeste à nos armes.

Waterloo !

Quelle sombre tragédie se joua en l'espace de
quelques heures, quelle atroce et brusque décadence
de celui qui jusque là n'avait point connu la défaite
finale, essayant quand même de forcer la victoire.
Mais le sort, cette fois, ne voulut point lui sourire.

L'Empire s'écroulait. Napoléon « gênait Dieu »,
a écrit Hugo.

« J'assistai à cheval — dit Ida — à la bataille de
Waterloo, en arrière de nos lignes.

« Avec quelle émotion je suivis des yeux pendant
trois heures ces scènes de carnage et les admirables
charges de notre cavalerie. Ney, à la fin de la journée,
et après l'entrée en ligne des Prussiens et la bataille

perduc, les vêtements criblés de balles, le visage
inondé de sang, se jeta au milieu d'un carré de braves
de la vieille garde, dont les cadavres s'entassaient
autour de lui.

« — La France est perdue », cria-t-il, « il faut
mourir ici ! »

« Son uniforme était en lambeaux. Couvert de
contusions, plusieurs fois renversé, il allait succom-
ber, lorsque quelques grenadiers de la garde le sou-
tinrent et l'entraînèrent avec les débris de la colonne.

« La nuit était venue. Qu'on se représente une
femme égarée sur un champ de bataille, en proie à
toutes les fatigues du corps, à toutes les angoisses du
cœur... et l'on ne s'étonnera pas que dans ce récit
d'un effroyable désastre tout ne soit pas conforme
aux exigences de temps et de lieu. Ma tête se perd
encore aux souvenirs de ces terribles péripéties. Je
suis à cheval ; le flot des fuyards m'emporte et je
m'égare dans la mêlée. J'obéis au torrent, et ne le
vois plus quand il me presse de trop près. »

La nuit était devenue profonde ; quelques lueurs la
perçaient par intervalles. On voyait à ces rares clar-
tés se promener de ces rôdeurs qui détroussent les
morts sur les champs de bataille. C'étaient des
paysans. Ida, entraînée par le flot des soldats, s'était

égarée. Un de ces hommes s'approchant d'elle, elle lui offrit de l'or pour lui procurer un guide. Le paysan se proposa lui-même, la conduisit sur la grande route et la fit monter dans une carriole qui se dirigeait vers Paris. Après quatre jours de marche, Ida arrivait dans la capitale et rentrait aussitôt chez elle.

Dans la nuit du 18 au 19 juin, une mauvaise charrette avait transporté l'Empereur à Philippeville. Là il monta dans une calèche avec le général Bertrand.

Napoléon voulait rentrer à Laon pour y défendre les approches de Paris. On lui fit observer que sa présence était nécessaire à Paris pour en organiser la défense par l'armement rapide des habitants.

« — Vous le croyez — dit-il — je cède. Mais je suis persuadé qu'on me fait faire une sottise. »

Ida alla voir Regnaud de Saint-Jean d'Angély, qui ne lui cacha pas ses craintes sur la probabilité des événements à venir.

« — Mais, mon ami — lui fit observer Ida, est-ce que l'empereur se laissera dépouiller ?

— Napoléon sait d'où partent toutes ces menées; mais il est trop tard. Les Bourbons le traiteraient avec plus de générosité que le parti qu'il a appelé à son aide, et qui profite des infidélités de la victoire pour l'étouffer...

— Une fatalité telle qu'il n'en est point de pareille
dans l'histoire, répondit la jeune femme, un effroyable
que sais-je, seront les derniers mots de la postérité
sur Waterloo.

— Voyons ! entre nous, demanda Regnaud, l'Empereur a-t-il été lui-même ?

— Jamais son génie, jamais sa bravoure person-
nelle n'avaient éclaté comme en ce jour. Au milieu
de la garde impériale, au milieu des généraux rede-
venus simples soldats, on croyait voir une armée de
géants.

— Pauvre Napoléon ! reprit Regnaud. C'est après
de tels sacrifices que l'ingratitude des uns, la démence
des autres, veulent t'immoler afin de réaliser leurs
rêves et placer leurs utopies. N'importe, l'Empereur
abdiquera encore une fois. Les traîtres et les niais
auront gain de cause. Cet homme, qu'on accuse d'être
ambitieux, égoïste et sanguinaire, aura donné deux
fois au monde un grand exemple de désintéressement
et de générosité. Il sait quand il faut résister aux
conseils de son légitime orgueil. »

Ida quitta Regnaud après l'avoir assuré que, le
feu fût-il aux quatre coins de Paris, son dévouement
à Napoléon n'en serait pas ébranlé.

Quelques jours après, au conseil des ministres, s'agita la question de l'abdication de Napoléon. Seul, Carnot s'y opposa avec une grande énergie. Il montra la France envahie, livrée sans chef aux hordes ennemies. Il parla d'organiser une levée en masse, certain d'avoir un million de soldats prêts à mourir pour défendre le sol sacré de la Patrie. Mais Carnot était seul de cette opinion. Aussi s'apercevant de l'inanité de ses conseils, prit-il le parti de se taire. En ce moment, on vit pleurer l'organisateur de la Victoire.

C'est alors que Napoléon, très ému, s'approcha de lui, et prononça ces paroles célèbres :

« — Carnot, je vous ai connu trop tard ! » Pour Carnot comme pour Ney, l'Empereur représentait la gloire de la France, mais non la Patrie elle-même.

La reine Hortense était à Paris, de retour de la Malmaison. Ida se rendit aussitôt à son invitation.

« — N'est-il pas vrai, lui dit la reine, que l'Empereur s'est jeté au milieu des grenadiers avec son état-major, et qu'on l'a forcé de quitter le champ de bataille ? Il ne l'a donc pas volontairement abandonné ?

« Il y eut — remarqua Ida — dans ce tête-à-tête
de la fille de l'impératrice Joséphine et de moi un
bizarre rapprochement de circonstances. Le cabinet
où me reçut la reine Hortense au mois de juin 1815
était le même où, seize ou dix-huit ans auparavant, la
citoyenne Bonaparte et la citoyenne Moreau se repo-
sèrent amicalement en prenant des sorbets, après les
fatigues d'un bal champêtre. »

L'Empereur avait abdiqué en faveur de son fils.
Mais la Chambre des députés, néfaste à cette heure
de péril national, nomma une commission de cinq
membres, pour former un gouvernement provisoire. A
cette nouvelle Napoléon fut indigné.

« — Je n'ai point abdiqué, s'écria-t-il, en faveur
d'un nouveau directoire ! J'ai abdiqué en faveur de mon
fils. Ce n'est point en se présentant l'oreille basse et
le genou en terre devant les alliés que les Chambres
forceront nos ennemis à respecter l'indépendance
nationale... Ces basses et honteuses déférences sont
déplorables pour la patrie. »

Le 24 juin, l'Empereur se rendit à la Malmaison et
annonça le projet de passer en Amérique. L'armée de
Waterloo, rejetée sur Paris, s'y concentrait. Napoléon offrit alors au gouvernement provisoire de se
mettre à la tête des troupes et de déposer le pouvoir

après avoir chassé l'ennemi. Mais le gouvernement refusa, insistant pour que Napoléon quittât au plus tôt la France. Forcé de céder, il partit de la Malmaison le 29 juin et vint à Rochefort avec l'intention de se rendre aux États-Unis d'Amérique.

C'est à Sainte-Hélène que devait se terminer son voyage.

Ida revit Ney quelques jours après, et ce fut leur dernière entrevue. Comme elle lui parlait de Waterloo :

« — Nous étions vainqueurs, dit le Maréchal. Les dispositions prises par l'Empereur étaient admirables. Nos soldats ne furent jamais animés de plus d'ardeur. Ah ! ne pas vaincre avec de pareils hommes... »

La séparation fut pénible.

« *Adieu*, Ida ! » avait dit Ney.

Adieu ! Elle devait toujours conserver en son cœur l'écho de cet adieu qui fut le dernier.

*
* *

Nous voici arrivés au dénouement de cette épopée impériale. Paris avait un aspect étrange, plus étrange que ne l'eut jamais une ville envahie par les armées ennemies. Ce n'était pas de la consternation ou de la terreur, c'était on ne sait quel effroyable mélange de passions et de basse convoitise, d'opprobe et de lâcheté. A ce moment, Napoléon n'avait pas encore quitté la Malmaison, qu'il était abandonné déjà de presque tous ses amis.

Ida résolut d'aller lui porter l'ardent témoignage de son dévouement. Il fallait, pour passer les barrières, un permis signé du directeur des postes. Elle l'eût bientôt obtenu, et, à cheval, en costume d'amazone, se mit en route passant par la barrière de l'Étoile.

« — On ne passe pas, » cria le factionnaire.

« — Voilà mon ordre.

— Cet ordre est d'un directeur général. Il faut celui du gouvernement provisoire.

— Je l'ai négligé, parce que je n'en prévoyais pas la nécessité.

— Du reste vous sortiriez inutilement — fit observer l'officier qui commandait le poste. Le pont de Neuilly est coupé.

— Je prendrai une barque.

— Il n'y en a plus : on les a coulées.

— Alors je passerai à la nage. *Il faut* que je voie l'empereur.

— Très bien, Madame, je conçois que l'état militaire peut imposer des devoirs plus pénibles que la mort.

— 209 —

Je vous ai vue, je vous ai parlé, et si vous faites un pas hors de la barrière, je vous brûle la cervelle. C'est ma consigne. »

Ida, retournant sur ses pas, rencontra un groupe assez nombreux de personnes, parmi lesquelles était Caulaincourt, qui, muni d'un laisser-passer du gouvernement provisoire pour lui et ses compagnons, se dirigeait vers la barrière.

Profitant de l'obscurité, Ida passa avec ce groupe et s'éloigna en toute hâte. Le pont de Neuilly était encore libre. Elle le traversa rapidement et arriva à la Malmaison. Elle pénétra enfin dans le château, à travers une foule calme et silencieuse, dans laquelle il était aisé de remarquer deux intérêts très distincts ; car ce n'était plus la cour d'un roi, c'était la garde d'un proscrit.

« Je ne dirai rien — écrit Ida — du peu de mots que j'échangeai avec le maître déchu de l'Europe. Ils furent inutiles : sa résolution était arrêtée de toute la force de la fatalité qui l'accablait... oserai-je l'ajouter ! de toute la force de sa faiblesse et de son abattement. Dans ce jour de désabusement et de misère, Napoléon n'était qu'un homme. »

C'était une belle conception que d'aller donner en garde aux républiques naissantes du nouveau monde ce chef des rois du vieux continent, et de mettre en présence de la jeune liberté américaine ce dispensateur de couronnes.

Mais on est obligé de croire qu'une volonté contraire aux desseins insensés des hommes ne permit pas que ce projet s'accomplît. Les Anglais veillaient. Ils s'emparèrent de leur ennemi, brisèrent sa puissance et l'enchaînèrent sur un rocher.

CHAPITRE XIII

LA RESTAURATION

Louis XVIII était revenu. Le 24 juillet 1815, parut un rapport signé du ministre de la police, duc d'Otrante, et contresigné du prince de Talleyrand. Ce rapport présentait au gouvernement deux mesures d'une extrême sévérité :

1° Dix-huit personnes, accusées d'avoir trahi le roi avant le 23 mars, devaient être arrêtées et traduites devant un conseil de guerre. Suivaient les noms : Ney, Labédoyère, Drouet d'Erlon, les deux frères

Lallemand, Ameil, Lefebvre-Desnouettes, Brager,
Gilly, Mouton-Duvernet, Grouchy, Clauzel, Laborde,
Debelle, Bertrand, Drouot, Cambronne, Lavalette,
Savary.

2° Trente-huit personnes « qui, par violence,
s'étaient emparées du pouvoir » étaient expulsées,
les unes de Paris, les autres de France. Cette liste
comprenait : Soult, Alix, Marbot, Exelmans, Maret,
Félix Lepelletier, Boulay, Méhée, Fressinet, Thi-
baudeau, Carnot, Vandamme, Lamarque, Mouton,
Harel, Piré, Barrère, Arnault, Pommereul, Regnaud
de Saint-Jean d'Angely, Dejean, Arrighi, Garrau,
Réal, Bouvier-Dumolard, Merlin, Durbach, Dirat,
Defermon, Bory Saint-Vincent, Félix Desportes,
Hullin, Garnier de Saintes, Mellinet, Cluys, Courtin,
Forbin-Janson fils et Lelorgne d'Ideville.

Dans cette liste de proscrits se trouvaient d'anciens
amis de Fouché, des collègues, ministres comme lui,
pendant les Cent-Jours, Carnot entre autres !

Indigné, ce dernier écrivit à Fouché ce court billet :
« Où dois-je me retirer, traître ? » auquel le duc
d'Otrante, cynique, lui répondit sur le même billet :
« Où tu voudras, imbécile ! » Carnot se retira à
Magdebourg en Allemagne, où il mourut en 1823.

Ney s'était éloigné de Paris. Mais des ordres

particuliers avaient été donnés pour son arrestation.

Le maréchal s'était réfugié en Auvergne, dans le château d'une des parentes de sa femme. Ida, avertie de cette retraite par un ami, y court aussitôt et surprend Ney en promenade, aux environs du château.

« — Ida ! s'écria-t-il avec émotion ; quoi ! Ida, vous ici ! Je vois bien, ma pauvre amie, que vous éprouvez des craintes à mon sujet.

— Je l'avoue ; et votre sécurité est mon unique souci. Les gens de police sont sur vos traces, votre arrestation n'est qu'une question d'heures. Oh ! mon ami, fuyez, fuyez sans retard, allez en Suisse pendant qu'il en est temps encore. Si vous voulez m'admettre au partage de votre glorieux exil, je suis prête... Ney, fuyez, ayez pitié de vous-même, de votre famille, ayez pitié de moi !

— Ma bonne Ida, répondit tranquillement le maréchal, je n'ai rien fait de plus que les autres généraux entraînés par le flot d'enthousiasme qui soulevait l'armée tout entière ; plus énergiquement qu'eux tous, j'ai résisté à ce courant ; je suis retourné à mes aigles comme mes frères d'armes. Ne suis-je pas compris comme eux dans l'article XII[1] de la con-

1. L'article XII était ainsi conçu : « Seront respectées les personnes et les propriétés particulières. Les habitants et en

vention militaire ? Tranquillisez-vous donc, bonne
Ida, retournez à Paris ; attendez-y paisiblement de
mes nouvelles.

— Paisiblement ! lorsque tout conspire contre votre
liberté, contre votre vie peut-être !

— Vous vous alarmez sans motif, sans raison. Je
n'ai rien à craindre. »

Comme on le voit, Ney, confiant en la loyauté du
nouveau gouvernement, se croyait en parfaite sécurité.

Ida partit, le cœur gros de chagrin. Un funeste
pressentiment la prévenait du danger. Du moins,
espérait-elle que les fidèles amis qui entouraient le
maréchal le protégeraient contre une prise de corps.
Hélas ! Ney lui-même se livra à ceux qui vinrent
l'arrêter ; il les appela, il paralysa le zèle de ses
amis, il arrêta le bras d'un soldat courageux qui
voulait empêcher que la main sale des sbires de

général tous les individus qui se trouvent dans la capitale
continueront à jouir de leurs droits et libertés, sans pouvoir
être inquiétés en rien relativement aux fonctions qu'ils occu-
pent ou auront occupées, relativement à leur conduite ou à
leur opinion politique. »

Sur la foi de cet article, les maréchaux de l'Empire dépo-
sèrent leurs armes, mais l'indigne et inqualifiable trahison de
Fouché les surprit dans leur quiétude. Ney, en Auvergne,
ignorait qu'il était sous le coup d'une arrestation.

Louis XVIII ne s'abattît sur le héros. Il semblait qu'il se désignât lui-même aux coups de la fatalité. Alors, ce vainqueur de cent batailles rendit à la police cette épée que jamais il n'avait rendue à l'ennemi.

A quelques lieues de Paris, dans une auberge Mme la maréchale attendait son mari, dont les journaux avaient annoncé l'arrestation et la prochaine arrivée. Ils se rencontrèrent, et les gendarmes respectèrent leur entretien.

A la suite de cette conversation, quelques larmes s'échappèrent des yeux de Ney ; et comme l'officier qui le conduisait paraissait ému :

« — Vous êtes surpris, sans doute, au spectacle de ma douleur. Ce n'est point sur mon sort que je pleure, c'est sur celui de mes enfants. »

Le maréchal fut écroué d'abord à la prison de l'Abbaye, puis à la Conciergerie.

Les juges de Ney étaient ses frères d'armes : les maréchaux Jourdan, président, Masséna, Augereau, Mortier, les lieutenants généraux Gazan, Claparède et Villatte.

Le 9 novembre, le maréchal, en tenue militaire, parut devant le conseil de guerre. Il était revêtu d'un simple uniforme sans broderie, portant les épaulettes de son grade et la seule plaque de la Légion d'honneur.

Mais le conseil, par cinq voix contre deux, se
déclara incompétent. Le maréchal Moncey, appelé à
siéger parmi les juges de Ney, avait, dès le mois de
juillet, répondu par un refus dans une noble lettre
adressée au roi, et qui restera un modèle de patrio-
tisme et de générosité. En voici quelques lignes :

. . . .

Placé dans la cruelle alternative de désobéir à Votre Majesté
ou de manquer à ma conscience, j'ai dû m'expliquer.... Ma
vie, ma fortune, ce que j'ai de plus cher est à mon pays et à
mon roi. Mais mon honneur est à moi et aucune puissance
humaine ne peut me le ravir. J'irais prononcer sur le sort du
maréchal Ney, moi ! Mais, Sire, permettez-moi de demander
à Votre Majesté où étaient ses accusateurs, lorsqu'il parcourait tant de champs de bataille ?... La France peut-elle oublier
le héros de la Bérézina ?....

Le maréchal, DUC DE CONEGLIANA.

Moncey paya chèrement l'amitié et l'admiration
qu'il éprouvait pour Ney. Il fut destitué de sa dignité
de maréchal et de son titre de duc de Conegliana.

Si on ne peut trop admirer le courage, la noblesse
et la conduite de Moncey faisant entendre hautement
le cri de sa conscience en faveur de Ney, pourquoi
l'histoire a-t-elle écrit son nom sur la page où
sont inscrits les membres de la Chambre des pairs

qui votèrent la mort de Ney — à côté de ceux de
Kellermann, Marmont, Pérignon, Sérurier, Victor et
de quatorze autres généraux !

Ce fut le 23 novembre que Ney comparut devant
la Chambre des pairs. Au cours des débats, un
avocat invoqua comme moyen de défense la convention qui enlevait à la France Sarrelouis, patrie du
maréchal, qui perdait ainsi sa nationalité.

« — Non, Messieurs ! » interrompit impétueuse-
ment Ney. « J'ai vécu et combattu Français, je mourrai Français ! »

C'est en vain qu'Ida Saint-Elme fit agir toutes ses
connaissances pour essayer d'arracher le maréchal à
une condamnation certaine. Elle conçut même le
projet de le faire évader. Ses amis, nombreux,
devaient se trouver sur le lieu de l'exécution et enlever de vive force Ney aux autorités chargées de le
garder. Le lieu ordinaire des exécutions était à Gre-
nelle, où l'on venait de fusiller Labédoyère. Mais la
police fut prévenue du complot, et le carrefour de
l'Observatoire fut choisi pour l'exécution.

Le 7 décembre 1815, à six heures du matin,
Belloc, un ami d'Ida, frappa légèrement à sa
porte.

« — Mon amie, » dit-il tristement, « Ney est con-

damné. Il va mourir... si vous voulez le voir encore,
préparez-vous !

— Oui, je veux le voir une dernière fois ; avoir
son dernier regard... »

Ils montèrent en voiture et se dirigèrent vers le
Luxembourg. Ney y arrivait, étroitement escorté. Il
jeta un rapide regard autour de lui et ses yeux rencontrèrent ceux d'Ida. Il baissa la tête, accablé,
comme si un suprême regret le retenait encore à la
terre.

Cette dernière vision dut peut-être lui rappeler de
riants souvenirs et, sans doute, il revécut un instant
le passé ; il poussa un soupir, puis se raidit, voulant
mourir ainsi qu'il avait vécu, en brave. Il affecta de
fuir ce regard de femme qui s'attachait obstinément
sur lui. Et si, en ce moment, il sentit qu'il avait parfois méconnu l'amour de cette femme, il eut la sen-
sation d'un sentiment dont la manifestation se pro-
duisait trop tard : son cœur battait pour elle.

A ce moment, le galop d'un cheval retentit. « C'est
sa grâce ! » s'écria Ida... Non ! C'était le dernier
ordre donné pour l'exécution... Tout à coup, le cré-
pitement d'un feu de peloton déchira l'air. Tout était
fini. Ney était tombé, percé par des balles françaises,
lui dont l'héroïque dévouement en Russie avait peut-

être sauvé de la mort ceux qui venaient de le fusiller au nom de la justice du roi !

Les restes sanglants de Ney furent portés à la Maternité, et devant ce corps, deux femmes agenouillées priaient : l'une était une vieille religieuse, et l'autre, qui pleurait, était Ida Saint-Elme.

« Ney, s'écrie-t-elle, ombre illustre, avec quel regard assuré j'ai dit mes souffrances à tes mânes sanglantes !... J'ai accompli aux jours de deuil la promesse faite dans les jours de bonheur. Mon serment est resté gravé dans mon âme. Ida, en y restant fidèle, en redisant tes nobles qualités a pu espérer le pardon de ses erreurs [1]. »

***

Combien furent tristes pour Ida Saint-Elme les jours qui suivirent ces douloureux événements.

« Il y a douze jours, écrit-elle, que tout était fini pour moi ; le monde avait comme disparu sous mes larmes. De mes innombrables souvenirs il ne m'en restait plus qu'un, celui de l'épouvantable catastrophe qui m'avait tout rendu indifférent. Les illusions qui

1. Ida avait fait le serment d'entrer en religion.

soutiennent l'existence ne pouvaient arriver jusqu'à
mon cœur... Je vivais uniquement sur un tombeau...»

Ida prit la résolution de partir. Que lui importait
maintenant la France, puisque tout ce qu'elle avait
de plus cher y dormait à jamais. Avant son départ,
elle se décida cependant à faire une visite au Père
Lachaise où se trouvaient les restes mortels de l'immortel Ney. Elle erra là plusieurs heures au milieu
de ces monuments superbes qui, se dressant majes-
tueux au-dessus de la fosse commune du pauvre,
insultent à l'égalité devant la mort. Elle cherchait
une simple tombe, une inscription touchante, quelque
triste emblème d'une immortelle douleur. Rien...
En effet, toutes les classes de la société, même les
plus obscures, avaient été tellement touchées de la
mort du prince de la Moscowa, que, pour prévenir
des rassemblements qu'on jugeait dangereux, le bruit
avait été répandu que le corps du maréchal avait été
enlevé du champ de repos. Aucun signe extérieur
n'indiquait le lieu où se trouvait le corps du *brave
des braves*.

*
* *

Enfin Ida partit pour Lille.

Aucun événement ne marqua son voyage et, en

arrivant dans cette ville, elle descendit à l'hôtel de
Gand. Elle était habillée en homme.

Il lui arriva là une petite aventure. Un jeune
officier, se méprenant sur ses habits d'homme, eut
avec Ida une discussion toute politique, qui se termina par l'envoi d'un cartel en règle. Malgré les
remontrances et les exhortations de ses hôtes, Ida
ne voulut pas décliner ce duel.

Accompagnée de ses témoins, elle arrive sur le
lieu du combat. Les épées sont croisées, et le jeune
officier fond sur son partenaire avec toute l'impétuo-
sité de ses vingt ans. Le résultat fatal était proche,
lorsqu'un des témoins d'Ida s'écria :

« — Halte, pour Dieu ! C'est une femme. »

Aussitôt son jeune et brave adversaire, posant la
pointe de son épée en terre, lui dit d'un air stupéfait :

« — Une femme ! Ah ! Madame, comment
m'excuser ? »

Alors, les témoins des deux partis intervinrent et
arrangèrent l'affaire. Cette folle équipée se termina
par un déjeuner charmant où témoins et adversaires
portèrent de nombreux toasts à la bravoure de la
brave petite femme. Mais l'événement fut ébruité et
le malheureux qui, cependant, n'en pouvait mais, se
vit infliger huit jours d'arrêt.

« — Ah ! » dit Ida au gouverneur général de la place, « c'est une affreuse injustice ; c'est moi qui, seule, ai tort : Ce jeune officier est brave ; je l'ai frappé, qu'eussiez-vous fait à sa place ? m'en demander raison, n'est-ce pas ?

— Non ; il eût dû s'apercevoir qu'il avait affaire à une femme. Moi, je ne m'y serais pas trompé...

— Mais, général, il y a dix-huit ans que je trompe les plus clairvoyants. Je vous en supplie, ne le punissez pas pour une extravagance dont je suis seule coupable. »

Et, grâce à ces instances, les arrêts furent levés.

Ida Saint-Elme quitta Lille, et franchit la frontière dans le but de faire un pèlerinage au champ de bataille de Mont-Saint-Jean. De cruels souvenirs lui revenaient à la vue du champ de la défaite. Elle refit le chemin parcouru par les armées françaises, puis visita Gosselies, dernier village où Ney avait écrasé l'ennemi, avant l'attaque des Quatre-Bras. Enfin s'arrachant à la contemplation de ces lieux qui furent le théâtre de nos désastres, elle prit la route de Bruxelles.

En cette ville, elle fut chargée par quelques amis de parler à Cambacérès, qui y résidait, pour l'intéresser à une souscription en faveur de trois officiers arrêtés au moment de leur départ pour l'Amérique.

Ces officiers avaient été simplement les victimes d'un
individu en qui ils avaient un peu trop légèrement
placé leur confiance. Ida Saint-Elme, sous son sévère
vêtement de deuil, se rendit un matin chez l'ex-archi-
chancelier de l'Empire. On l'informa que le prince
était à la messe et ne reviendrait que vers une heure.
Croyant avoir mal compris, Ida reprit :

« — Je demande le *prince archichancelier* ; com-
prenez-vous ?

— Oui, Madame, à merveille ; et j'ai l'honneur de
vous répéter que le prince est à l'église.

— Et le prince va à la messe de huit heures jusqu'à neuf heures ?

— Tous les jours, et il y retourne souvent pour
entendre les vêpres.

— A quelle église ?

— A Sainte-Gudule. »

Intriguée, Ida, en se dirigeant vers la cathédrale,
songeait à cette singulière conversion de Cambacérès.

A peine fût-elle entrée, que de l'église principale,
elle vit agenouillé sur le marbre, dans l'humble pos-
ture du pécheur pénitent, vêtu non en moine, mais
en quaker hollandais, habit brun, et énorme chapeau
posé sur ses genoux, le prince Cambacérès, ex-archi-
chancelier de l'Empire français.

Placée à peu de distance du prince, elle le regardait, se demandant encore : Est-ce bien lui ? Une laideur passée en proverbe ne pouvait laisser subsister de doute, et, stupéfaite, elle se borna à l'observer.

Le prince sortit de l'église. Ida le rejoignit et lui fit chaleureusement part de sa requête. Mais ce fut en vain. Un des officiers arrêtés, appelé auprès de Cambacérès, raconta que ce dernier, revirement extraordinaire, avait osé lui reprocher son dévouement à l'empereur, et avait vu le moment où, pour l'expiation de ce crime, le prince allait lui proposer d'entrer dans un ordre religieux. Les malheureux officiers durent frapper à une autre porte afin de réunir la somme qui leur manquait.

On sait que M. de la Valette[1] était enfermé à cette époque au château d'If. Ida Saint-Elme était très liée avec sa femme qui habitait Lyon. De mauvaises nouvelles lui parvenant, en Belgique, elle quitte Bruxelles et court auprès de son amie.

Mᵐᵉ de la Valette était fort agitée :

« — Je suis étroitement surveillée, dit-elle à Ida, la police a l'œil sur toutes mes démarches ; mon mari est déjà en prison, je voudrais l'instruire d'une chose

1. Il s'agit ici du marquis de la Valette, ancien receveur général des Basses-Alpes.

urgente. Je connais bien votre cœur, ma chère Ida,
mais le mien se fait un scrupule d'abuser de la circonstance, en vous associant à mes dangers et à mes
peines. »

Qu'importait le danger ! Munie des instructions
nécessaires, Ida partit pour Marseille. Elle y descendit à la même auberge où, quatorze années avant,
cédant à la folie artistique, elle avait signé un engagement avec une troupe de comédiens ambulants.

Que de changements depuis ! Fuyant le calme et
le tumulte de l'auberge, Ida sortit, absorbée dans
ses pensées, l'esprit rempli de souvenirs, hantée de
tristes préoccupations. Assise au pied d'un de ces
vieux arbres voisins qui avaient attiré ses pas, tous
les événements des dix derniers mois qui venaient de
s'écouler se représentaient à elle comme de sinistres
présages ; cependant, n'ayant plus à perdre qu'elle-
même, et pouvant espérer de servir encore des malheureux et des proscrits, elle fit le serment intime
de leur dévouer sa vie.

Par l'intermédiaire d'un gardien complaisant, Ida,
qui s'était rendue au château d'If, fit parvenir sa missive à M. de la Valette et reçut une réponse qu'elle
s'empressa de rapporter à Lyon. Son entreprise avait
eu un plein succès.

Quittant Lyon, Ida Saint-Elme vint à Paris, n'y
restant d'ailleurs que quelques jours, pour retourner
à Bruxelles où elle arriva le 18 juillet. Elle reprit
là une vie assez calme, à peine troublée par une
petite aventure, qui en rompit fort heureusement la
monotonie.

Elle était à table d'hôte aux côtés d'un Anglais
qui, l'interrompant au milieu d'une conversation où
elle racontait la bataille de Waterloo, lui demanda :

« — Quoi ! vous ne pensez pas que lord Wellington
soit le plus grand général de l'Europe ?

— Votre Wellington d'un mot pouvait sauver un
héros ; mais ce mot, il ne l'a pas dit.

— Vous voulez parler de Ney, sans doute ? Lord
Wellington a bien fait de ne pas prendre pitié de son
crime. »

A ces mots, Ida s'élance sur l'Anglais et lui
applique un vigoureux soufflet qui le fixe sur place.

« — Jamais, » s'écria-t-elle sur un ton mépri-
sant, « un Anglais ne prononcera, du moins en ma
présence, un outrage au maréchal Ney ! »

L'Anglais, reconnaissant alors une femme sous des
habits d'homme, dit à son tour :

« — Eh ! puisque je ne puis me battre, *moi, elle*
doit me faire des excuses.

CH. CARRINGTON, EDITEUR
Imp. A. Porcaboeuf, Paris

— Des excuses ! poltron que vous êtes ; ne pro-
fitez pas du prétexte, et vous verrez si je fais bien
les honneurs de mon habit. Si vous préférez garder le
soufflet, qu'il vous apprenne à mieux parler des militaires français, à respecter le malheur et la gloire. »

Il fallut entraîner Ida qui voulait à toute force que
l'Anglais lui rendît raison.

Un court séjour à Anvers où elle manqua Regnaud
de Saint-Jean-d'Angély qui venait de le quitter, et
Ida partit pour Gand, Ostende et s'embarqua pour
l'Angleterre.

CHAPITRE XIV

LA DÉCADENCE. — CONCLUSION

Voici l'entr'acte au tableau final de la vie d'Ida
Saint-Elme. Désormais seule, bien seule, vivant avec
le souvenir de celui qu'elle avait aimé, elle passait
son temps en voyages. Mais ni la France, ni l'Angleterre, ni l'Italie, ni l'Espagne ne mirent un sursis à
ses douleurs. Elle a pourtant laissé de ses voyages
des notes rapides, et des impressions parfois bien
intéressantes.

« Si le ciel de l'Angleterre n'était pas chargé —
remarque-t-elle — même dans la plus heureuse
saison, de cette froideur nébuleuse qui n'offre jamais
aux yeux l'éclat de cette pureté azurée dont brille
l'Italie et même la France, l'Angleterre serait un
assez beau pays. »

Mais nous ne voulons pas nous attarder sur cette
période de la vie de notre héroïne, période de peu
d'importance, où, réduite le plus souvent aux expé-
dients, elle ne devait pas tarder à traîner une vie
misérable à laquelle la tombe allait bientôt mettre
un terme. Elle n'était plus jeune d'ailleurs; ceux qui
l'avaient choyée, aimée, adulée, ne la connaissaient
plus. La gracieuse créature dont la réputation de
beauté se justifiait par l'adoration des grands, allait
s'éteindre dans l'oubli. Ainsi va le monde... Nos
amours d'hier sont laides, s'effacent de notre mémoire,
et nous tournons vers l'avenir un œil inquiet. Un
miroir se trouve devant nos yeux, et épouvantés,
nous nous voyons vieillir aussi.

Vieillir ! c'est un crime qu'on ne pardonne jamais
à une courtisane.

Ida Saint-Elme dut s'apercevoir cruellement de
l'inconstance de ceux qu'elle avait charmés pendant
vingt ans.

Encore une fois pourquoi nous arrêter à ce moment
critique de sa vie?

Elle voyage. Elle parcourt toute l'Europe, avons-
nous dit.

De Londres, elle retourne à Calais, part pour
Dunkerque, court en Belgique où elle fait un séjour
à Bruxelles. Tous ces voyages s'accomplissent assez
rapidement.

Dans ses *Mémoires*, Ida nous raconte quelques anecdotes, qu'elle cherche à rendre amusantes, mais où
perce, le plus souvent, au travers d'une gaieté voulue,
un sentiment chagrin. Nous les passerons sous silence.

*_**

A Boulogne-sur-Mer, la vocation d'Ida Saint-
Elme pour le théâtre s'était subitement réveillée. Elle
joua dans cette ville le rôle de Jeanne d'Arc, devant
un public composé en majorité d'Anglais. Un Espa-
gnol, présent à une de ces représentations, s'éprend
vivement de la principale interprète du drame, et,
quelques jours après, l'enlève, non de force, mais de
plein consentement de l'actrice qui le suit à Barcelone, où tous deux arrivèrent en avril 1821.

Quittant Barcelone peu après, Ida parcourt l'Espagne, visite Valence et Madrid où elle obtient une audience du roi qui, immédiatement, la tutoie. Ida se crut ravalée, alors que le roi l'honorait, la traitant ainsi sur le pied des grands d'Espagne, auxquels il ne parlait pas autrement.

*
* *

Voici Ida à Lyon. Quelques jours après, elle visite Genève, puis quitte la Suisse pour rentrer en Italie.

A Gênes, elle rencontre lord Byron qui, **pour** quelque temps, y avait fixé sa résidence.

Lord Byron avait épousé une jeune femme, — miss Milbank — d'une pruderie sans pareille, pruderie renforcée par les chastes exagérations d'une femme de chambre nommée Cécily.

« Cécily — raconta le poète à Ida — avait tant alarmé sa maîtresse sur la première nuit, que celle-ci, après avoir versé bien des pleurs, lui déclara qu'elle aimerait mieux mourir que de ne pas faire lit à part. Il y eut entre elles un grand débat pendant que je me morfondais dans une salle voisine de la chambre nuptiale, en attendant qu'on daignât m'introduire. Bref, Cécily, dans un élan de dévouement que je ne

saurais qualifier, offrit à ma femme de la remplacer
près de moi, pour cette première nuit, afin de pouvoir lui dire, le lendemain, les *émotions* qu'elle aurait
éprouvées... et ma femme accepta !

« Quand j'entrai, je vis une ombre s'éclipser par
la porte du boudoir, et je crus, tout naturellement,
que c'était Cécily qui me laissait seul en société de sa
jeune maîtresse...

« Il faut vous dire que j'étais horriblement fatigué ;
oh ! fatigué à dormir debout ! Témoin d'une partie des
terreurs pudiques de ma femme, j'en étais d'autant
plus dépité que j'avais résolu de lui laisser passer la
plus innocente des nuits, pour mieux.... l'apprivoiser.

« Une veilleuse éclairait faiblement la chambre.
Je m'approche du lit ; ma *compagne* me semble déjà
plongée dans le sommeil. Je présume que les ennuis
de la journée ont agi sur elle comme sur moi ; je
me hâte de me glisser à son côté, mais bien doucement, de crainte de la réveiller ; je dépose sur son
front, tourné du côté de la ruelle, un léger baiser ; je
croise mes bras sur ma poitrine, selon mon habitude,
je ferme les yeux... et je m'endors comme eût fait
un marié de soixante ans...

« Le lendemain, en me réveillant, je ne suis pas
peu étonné d'apercevoir ma femme tout habillée, sur

un canapé ; je me lève à mon tour ; le jour fut calme comme l'avait été la nuit...

« Mais il n'en fut pas de même la nuit suivante, aussi entendis-je lady Byron, le surlendemain, reprocher à Cécily de l'avoir trompée.

« — Trompée à propos de quoi ? demandai-je, me mêlant de la conversation.

« Ma femme m'avoua tout, rougissante, en présence de la cameriste plus rougissante encore... — Et elle n'était pas laide, ma foi ! cette petite Cécily ! J'eus une pensée de regret.

« Qu'avais-je de mieux à faire que de rire de l'aventure, c'est ce que je fis d'ailleurs. Mais le plus drôle de la chose fut ce qui s'ensuivit : lady Byron, n'ayant, paraît-il, plus peur de moi, eut peur de celle qui s'était dévouée si bravement pour elle. Si bien qu'elle la mit à la porte. Décidément, si la reconnaissance était bannie du reste de la terre, ce n'est pas dans le cœur des femmes qu'il faudrait la chercher ! »

.   .   .   .

« Après avoir couru pendant près de trente années, s'écrie Ida, je résolus de me reposer la trente et unième ; et cette fois Paris dut être la retraite éternelle de mes fatigues, de mes chagrins, et de ma pauvreté alors bien déclarée. »

Et, en effet, pauvre, atteinte d'une affection terrible, un cancer au sein, Ida Saint-Elme menait, en 1826, à Paris, une existence dont la générosité de trois hommes bienfaisants, Alexandre Duval, Lemot et Talma, qui l'avaient connue belle, jeune et riche, adoucissaient un peu les angoisses...

Elle avait commencé d'écrire ses *Mémoires*, sur la publication desquels elle comptait comme sur une suprême ressource... Mais où trouver un éditeur?

Ah! la jeunesse est partie, les amants se détournent, car Melpomène est ridée, et la reine du théâtre, malade, vieillie, vagabonde, dégoûtée, connaît la terrible appréhension de mourir de faim.

Au milieu de tant de déboires, la mort seule apparaît et reste, la mort, ce suprême remède des incurables... Ida s'empoisonne, mais Talma, qui n'a pas oublié sa brillante élève d'autrefois, la sauve. Grâce à lui, grâce à Duval surtout, Ida a publié ses *Mémoires.*

Alexandre Duval avait parlé au libraire Ladvocat du livre d'Ida Saint-Elme. La mode était alors aux *Mémoires.*

« Un jour — écrit Ida — on frappa à ma porte. C'était M. Ladvocat. J'eus peine à cacher ma joie à son aspect; lui eut le bon goût de ne pas paraître la remarquer. Tout fut facile à régler. M. Ladvocat,

avec une délicatesse qui, n'en déplaise aux commer-
çants, tenait bien plus de la politesse, de la bonne
compagnie que de la haute prudence des chiffres,
M. Ladvocat, n'ayant que peu de *copie* et nulle autre
garantie que ma bonne volonté de lui livrer, au fur
et à mesure, mon manuscrit complet, me remit cinq
cents francs en or et deux billets de la même somme.
La confiance qu'on témoigne aux autres est un sûr
moyen d'en inspirer, et j'avoue que la mienne pour
M. Ladvocat allait jusqu'à la reconnaissance. »

.*.

En 1837, de retour d'un voyage en Égypte, Ida
Saint-Elme — paraît-il — s'avisa, à Londres, où elle
s'était fixée, de faire courir le bruit qu'elle possédait
des lettres destinées à être publiées; lettres écrites en
1809 par Louis-Philippe, alors duc d'Orléans — dans
lesquelles sa famille et lui-même se trouvaient compromis. Mais ce n'aurait été là que du *chantage* —
comme on dit aujourd'hui — et nous ne pouvons
croire qu'Ida fut capable d'une action aussi indéli-
cate. Nous l'avons toujours vue bonne, désintéressée,
d'un caractère trop élevé pour s'abaisser à de pareils
stratagèmes. A moins que, poussée par les conseils

de la détresse ?... Mais n'approfondissons pas cette question. Retirée à l'hospice des Ursulines, à Bruxelles, Ida Saint-Elme ne devait d'y demeurer qu'à une femme qui en payait la pension. Et cette femme était Marie-Amélie, reine des Français.

. . . .

« Ma tâche est finie, s'écrie Ida Saint-Elme à la fin de ses *Mémoires* — et je puis dire comme l'Empereur romain : « Je n'ai point perdu ma journée ; » car il me semble que mon livre, qui apprend aux femmes jusqu'où peut les conduire le premier oubli d'un devoir, n'est pas dépourvu d'une certaine moralité profitable.

« J'ai écrit comme j'ai vu, comme j'ai senti ; et peut-être encore que cette énergie d'émotions, et cette franchise d'aveux sur des temps si extraordinaires et des personnages si considérables, ne seront pas non plus sans intérêt pour l'histoire contemporaine. En finissant je me suis attendrie ; il me semble que je perds une seconde fois ma jeunesse, ma beauté, mes impressions déjà perdues, et que je retrouvais en racontant.

« Je suis heureuse pourtant, puisque j'ai pu communiquer à mes nombreux lecteurs quelque chose des sentiments qui m'ont toujours animée ; puisque grâce à ma faible voix, quelques gloires de la patrie ont reçu des hommages qui semblaient s'éloigner de leur tombe. »

* *
*

A l'hospice des Ursulines, à Bruxelles, le 16 mai 1845, Ida Saint-Elme s'éteignit doucement.

TABLE DES MATIÈRES